日本人が生活苦に陥らないための処方箋

オワコン日本 再生戦略

廣川謙一

かんき出版

ブックデザイン　沢田幸平（happeace）
図版・ＤＴＰ　石澤義裕

立ち読みする人のためのちょっと長めの緒言

親は苦労する。子は楽をする。孫は乞食する。(1)

日本には、このような言い伝えがあるらしい。まさに、バブル崩壊後の子育てや今の社会世相を表しているように思えて、思わず考え込んでしまった。

確かに、就職氷河期に社会人になった人たちが結婚して親になり、自分の子たちにはこのような目に合わせたくない、つまり子には楽をさせたいと思って、親として苦労している様子が目に浮かぶ。

この言い伝えのように、楽をした子たちの子ども、つまり孫たちは他人からの情けで生きることになるのだろうか。

私も、バブル崩壊期にアメリカ企業に転職し、アメリカ勤務中に子ども二人を抱え

(1)江戸時代後期の思想家である海保青陵《かいほせいりょう》の『稽古談《けいこだん》』に「諺ニ親ハ苦ヲスル、子ハ楽ヲスル、孫ハ乞食スルト云フコト、易ノ理ニヨフ合フタルコト也」とある。

て、これからどのように子どもを育てつつ生きていこうかと考えていたことがあった。

さすがに、正直なところ、自分の孫が他人からの情けで生活するようになるのは勘弁してほしい。


一九九三年にアメリカに転勤になってから三〇年以上当地で生活し、日本を外から見てきた。アメリカが生活しやすいかと言われると、子どもを飢えさせない程度には良い生活ができると思っている。

本書では、孫たちが生活苦に陥らずに済むようにするには日本はどうあるべきか、を海外からの視線で考えてみたいと思っている。言わば岡目八目の立場だ。


自分の子どもたちが、日本で成長したらどうなるのだろうかということは、第一子が生まれた一九九〇年頃から漠然と考えていた。

第二子が一九九二年に生まれ、その直後に子ども二人を連れてアメリカに転勤した。アメリカから見ると、日本は非常に不思議に見えた。それから約三〇年経つ。

不思議だと思っていたことを折に触れて知人・友人に話し、その一方でメモとして残した。

この書物にその「不思議」をまとめてみた。

この書物は、海外在住者の視点で日本や日本人の将来をまとめたものだ。

考え違いや理解の不足なども当然あると思うが、読者のご寛恕《かんじょ》をお願いしたい。


そもそも一九九〇年代は、銀行が不良債権を抱えていて、日本企業の調子も悪い時期であった。私は、その頃、米系のコンサルティング会社であるアーンスト・アンド・ヤング・ケネス・レーベンソルのコンサルタントとして、日本の不良債権の処理を行うというプロジェクトに従事していた。

その後、アメリカでニューヨーク連邦準備銀行からイエローカードを突きつけられた在米邦銀のオペレーション改善のため、GE退職(2)以来二年半ぶりにニューヨークに戻り、後に在米邦銀の合従連衡《がっしょうれんこう》などにも関わったりしている時に、九月一一日のテロに遭遇。三〇秒の時間差(3)で命拾いした。

その前の週に、テロで命を落とされた邦銀の在米幹部の方々と合併に関して打ち合わせをしていたので、ほぼ鬱といっていいくらい、気持ちは非常に落ち込んでいた。(4)

奇しくも、当時のブッシュ大統領がこのテロを日本の真珠湾攻撃に喩えるという無

(2) GEには一九九一年から一九九七年まで在職。そのうち、一九九二年から一九九七年まではアメリカ本社勤務。
(3) 三〇秒早かったり遅かったりしたらワールド・トレード・センタービルの地下一階に入っていて、私も間違いなく命を落としていた。
(4) 実は、大日本帝国海軍はカリフォルニアにも攻撃を加えていたので、この情報は正確ではない。

神経と思える発言に及び、アメリカが日本をちゃんと理解しているのかが気になり、色々と調べ始めた。

まず、第二次世界大戦時におけるアメリカの日本に関する理解。

アメリカ人の日本理解がまともかを調べるにはちょうど手頃な書物として、定番のルース・ベネディクト著『菊と刀』（講談社）。それから大岡昇平《おおおかしょうへい》の『俘虜記』（新潮社）、『野火』（新潮社）などの、戦争中という特殊な状況下を舞台にしているものの、日本人とアメリカ人との接触を描いた小説。

ビジネス系ではリチャード・パスカル／アンソニー・エイソス著『ジャパニーズ・マネジメント』（講談社）など。

これらの書物を再読してみると、第二次世界大戦の際あるいはその後に、ドイツ・イタリアとは日本は全く行動パターンが異なり、アメリカが、知識人と言えども、日本の行動をどう理解するかに苦しんでいる様子が窺えた。

基本的には、アメリカ人の精神《エトス》と日本人の精神《エトス》の違いに帰着するのではと思い、さらに、マックス・ウェーバーの『プロテスタントの倫理と資本主義の精神』（岩波書店）、アレクシス・ド・トクヴィルの『アメリカのデモクラシー』（岩波書店）などを再読した。

幸い、大学時代に「読まされた」本が手元に残っていたのが幸いして、参照する書物には困らなかった。

調べていくと、日本特殊論も目についたものの、二一世紀になっても、日本人は正しく理解されていないことに愕然とした。日本特殊論も困ったものだが、アメリカの原理そのものも特殊ではないかと思い始めた。日本をステレオタイプでしか理解していないアメリカの言うことをグローバル・スタンダードだとすることに違和感を覚え始めたのも、この頃だ。

日本はアメリカに戦争で負けたものの、アメリカが戦勝国で日本は敗戦国という意識はそろそろ捨てたほうがいいのではないか。日独伊三国同盟で連合国と戦争をしたわけだが、独伊にはすでに敗戦国という意識はない。それどころか、欧州連合のリーダーという意識のほうが強いように感じられる。

九・一一のテロの経験の頃から、漠然と日本や日本人の将来を考え始めていた。敗戦国意識で、アメリカに追従し続けることが日本にとって良いことなのか？

日本を、そして世界を、ステレオタイプでしか理解していないアメリカの言い分をそっくりそのまま聞くのが良いのか？

アメリカ人がグローバル・スタンダードと言う度に「アメリカよ。お前だけには、グローバル・スタンダードなどとは言われたくない！　世界のことがわかってないくせに！」と思う。

九・一一のテロに遭遇した際に、アメリカは真珠湾攻撃以来、初めて本土が爆撃されたと言う。

その際に、日本人の小学生が現地の子どもたちの攻撃、例えば「日本人は卑怯だ」、などの誹謗中傷の矢面《やおもて》に立たされたそうだ。現地の子どもたちは、テロリストの母国を責めるのではなく、当事者でもない日本人の子どもたちを責めたようだ。

一方、この事件を聞いて考えたことは、日本は、このような浅い理解しか持たないアメリカに従っていていいのだろうかということだ。

これは二つの側面から考えた。一つは、アメリカの影響力が衰えているのではないか。それから、日本とアメリカとの関係はどのような性格を持っているのか。

アメリカの影響力の衰えに気付いたのは、ヨーロッパの影響力が大きくなったことだ。特に、自分が過去に奉職していたGE[5]による航空機器大手企業ハネウェルの買収に、ヨーロッパ委員会（マリオ・モンティ委員長）の反対で買収ができなかったことだ（この時にはすでにGEを退職して数年経過していたから、個人的な利害はない話ではあったが）。

アメリカがやることをヨーロッパが止めようとしても、以前であれば、アメリカは押し通せたのに、この件ではヨーロッパのほうが優勢に見えた。

同じ頃、マイクロソフトもヨーロッパ委員会から製品（インターネット・エクスプローラ）の抱き合わせで不当に競争を阻害していると指摘され、また他のアメリカIT企業も同様の裁定を下されていた。

アメリカの強い産業・企業が標的にされ、撃ち落とされているように感じられた。

こういう状況が次々に起こるのを見ると、明らかに、アメリカの影響力は低下している。

アメリカの原理とヨーロッパの原理は違うのではないか。そしてヨーロッパが相対的に影響力が大きくなってきているのではないか？

(5)この時点では、退職して三年経過していた。

アメリカと日本との関係についても、テロ直後から気になり始めた。一番気がかりだったのが、アメリカ人の日本理解の情けなくなるほどの浅さだ。アメリカでイライラさせられるのは、日本というと芸者《ゲイシャ》・富士山《フジヤマ》・腹切《ハラキリ》（あるいは武士道《ブシドー》）。ビジネス系だとマッシタ・ソニー・ホンダ・トヨタみたいなステレオタイプ。

世紀の変わり目の頃に、流行ったジョークが、実は第二次世界大戦ではドイツ・イタリア・日本が戦勝して連合国側が負けたというもの。

「真珠湾攻撃の際に気絶した兵士が五〇年後に正気を取り戻して起き上がってみると、周りにはＢＭＷやメルセデス、ホンダ、トヨタなど。人はベネトンを着てイタリア料理絶頂期。ピザやパスタを皆食べている。兵士曰く『ああ、アメリカは負けたんだ！』」

世界をその程度にしか理解していないアメリカ人には困ったものだと思った。阿川《あがわ》弘之《ひろゆき》の『国を思うて何が悪い』（光文社）によると、詩人・小説家の佐藤春夫《さとうはるお》は「日本は戦争に勝ったんだ、戦闘に負けただけだ」と言っていたらしいが、この言説が本当らしく聞こえる。

一方、京都や皇居を爆撃対象から外したほど、「日本サイドではアメリカで日本理解が進んでいた」(6)という解釈が行われていたようだ。ところが、『菊と刀』の最初の章などを読むと、実際にはアメリカ政府が日本を理解するのに苦労していた様子が読み取れる。一方、大岡昇平の『俘虜記』を読むと、日本人の捕虜とアメリカ兵(たとえ日系二世の兵隊でも)の噛み合わないやり取りが読み取れる。

つまり、アメリカの上層部は文化人類学者などからの情報で何をすべきか(何をすべきでないか)はわかっていたものの、それは上層部だけに限定されたものだったのだろう。

一般のアメリカ人には、ステレオタイプの日本人像だけがあったと考えていい。実は、GEのメキシコでの幹部研修に参加した際に、ステレオタイプの理解は日本だけでなく、メキシコなど世界の他の国にも及んでいることに気付いた。「メキシコなどはアメリカに比較して遅れた低開発国で、メキシコ人の知的レベルが低いので労働集約型の産業しかない国」というステレオタイプの理解が多かった。これは幹部研修に参加していた他のアジアの国からの参加者も、私と同様に感じていた

(6)美術史家のラングドン・ウォーナーが作成した、文化財保護の観点から作成された空爆すべきでない文化財のリスト(ウォーナー・リスト)によると、京都の文化財や皇居などは爆撃対象から外すようにとの大統領への進言があったらしい。実際に外したのは陸軍長官スティムソンだったらしい。ただし、これについては真偽について論争があるようである。

ことからもわかった。

　アメリカは自国以外にも自国の価値観を押し付けているのではないか。

　考えを進めているうちに、しだいにアメリカへの疑問が湧いてきた。

『プロテスタントの倫理と資本主義の精神』とか『アメリカのデモクラシー』（アレクシス・ド・トクヴィル）などを読んでみると、アメリカという国は日本にとってお手本として良い国なのか、あるいは日本からだと見えにくい脆弱《ぜいじゃく》性を抱えているのではないかと思われてきた。

　ＫＫＲと言うファンドによる、白いクリームを丸くて黒いクッキーでサンドイッチしたオレオ・クッキーという商品で有名なＲＪＲナビスコの買収など、プロテスタントの倫理などそっちのけのマネーゲームではないか。

　マックス・ウェーバーが活躍していた二〇世紀初頭には、著書に書かれているように、スポーツをするようにマネーゲームをすることが始まっていたのではないか。

　それがさらに進んでしまって、金儲け至上主義的なエゴが二〇世紀後半のアメリカ経済を動かしているのではないか？　そして、それを世界に波及させているのではないか？

ウェーバーの著書から引用する。

営利のもっとも自由な地域であるアメリカ合衆国では、営利活動は宗教的・倫理的な意味を取り去られていて、今では純粋な競争の感情に結びつく傾向があり、その結果、スポーツの性格をおびることさえ稀ではない。将来この鉄の檻の中に住むものは誰なのか、そして、この巨大な発展が終わるとき、まったく新しい預言者たちが現われるのか、あるいはかつての思想や理想の力強い復活が起こるのか、それともそのどちらでもなくて！

一種の異常な尊大さで粉飾された機械的化石と化することになるのか、まだ誰にも分からない。それはそれとして、こうした文化発展の最後に現われる「末人たち」》letzte Menschen《にとっては、次の言葉が真理となるのではなかろうか。「精神のない専門人、心情のない享楽人。この無《ニヒツ》のものは、人間性のかつて達したことのない段階にまですでに登りつめた、と自惚れるだろう」と

アメリカの制度的な限界を指摘したのは、パリの裁判官で、フランス革命で親戚などが多数処刑されたことがキッカケになってリベラル思想をフランスで研究していた

アレクシス・ド・トクヴィルだ。

ド・トクヴィルはフランスの歴史家ギゾーに影響を受けたと言われる。またギゾーは福澤《ふくざわ》諭吉《ゆきち》の『文明論之概略』にも影響を与えている。ド・トクヴィルの著書『アメリカのデモクラシー』には次のような指摘がある。


合衆国に滞在中、注意を惹かれた新奇な事物の中でも、境遇の平等ほど私の目を驚かせたものはなかった。


アメリカとフランスは両国とも自由・平等・博愛を建国の理念にしており、国旗も赤・白・青だ。アメリカは独立以来、民主政府が一貫して統治してきたが、一方のフランスは、フランス革命以降、ロベスピエールの恐怖政治、ナポレオンの独裁制などの非民主的な政府を経験している。自由・平等・博愛を理念に掲げた政治を突き詰めたような（アメリカの）経験はフランスは持っていない。

それなら、自由・平等・博愛を理念に掲げた政治を突き詰めたらフランスはどのような国になるかという観点から、トクヴィルはアメリカの民主主義に着目している。

そしてアメリカを観察して、真っ先にド・トクヴィルの目に入ったのが、平等だ。

それゆえ本書の第一の部分では、デモクラシーが思うがままに展開し、ほとんどなんの抵抗もなくその本能に流されているアメリカで、それが法律をいかなる方向に自然に導き、政府の行動にどのような刻印を押し、一般に政治にどんな影響を及ぼしているかを示そうと試みた。私はそれが生み出す利点と弊害はなんであるかを知りたいと思った。[……]

アメリカにおいて境遇の平等と民主政治が市民社会に及ぼす影響、習慣、思想、習俗に与えるその影響は、第二の部分に描き出すつもりであった。

そして、原著第四章で平等の背理というべきものを見ている。つまり、平等を突き詰めると不平等に至るというわけだ。

私はこの革命を既成の事実、あるいはまさに完成されようとしている事実として認め、その進行を経験した諸国民の中でも、もっとも完全、もっとも平和裡にこれが進展した例を求めたのである。そのことによって、その本来の帰結をはっきりと見定め、できうれば、この革命を人間にとって有益なものにする方策を知ろうとしたのだ。私はアメリカの中にアメリカを超えるものを見たことを認める。

平等の背理とは、つまり多数を握ったものは自由を謳歌できるが、そこで少数派になると多数に従わざるを得ないことになる。つまり、多数派によって少数派の自由が制限されるということだ。

このことは『アメリカのデモクラシー』の第四章で詳しく触れられている。トクヴィルの著書は、南北戦争以前に書かれたものであるが、その洞察は非常に鋭い。

このような背理は二一世紀になっても起こっている。

アメリカでは、民主党と共和党との支持率がほぼ拮抗《きっこう》状態で、実際の得票による過半数ではなく、得票で得た選挙人の数で過半数を得た候補者が大統領として選ばれるという複雑な選挙の仕組みのおかげで、過半数に満たない党出身の候補者が大統領に選ばれることがある。

例えば、二〇〇〇年にジョージ・ブッシュ（共和党）がアル・ゴア（民主党）を破って大統領に選出された例とか、二〇一六年にドナルド・トランプ（共和党）がヒラリー・クリントン（民主党）を破って大統領に選出された例が挙げられる。

アメリカの複雑な選挙の仕組み

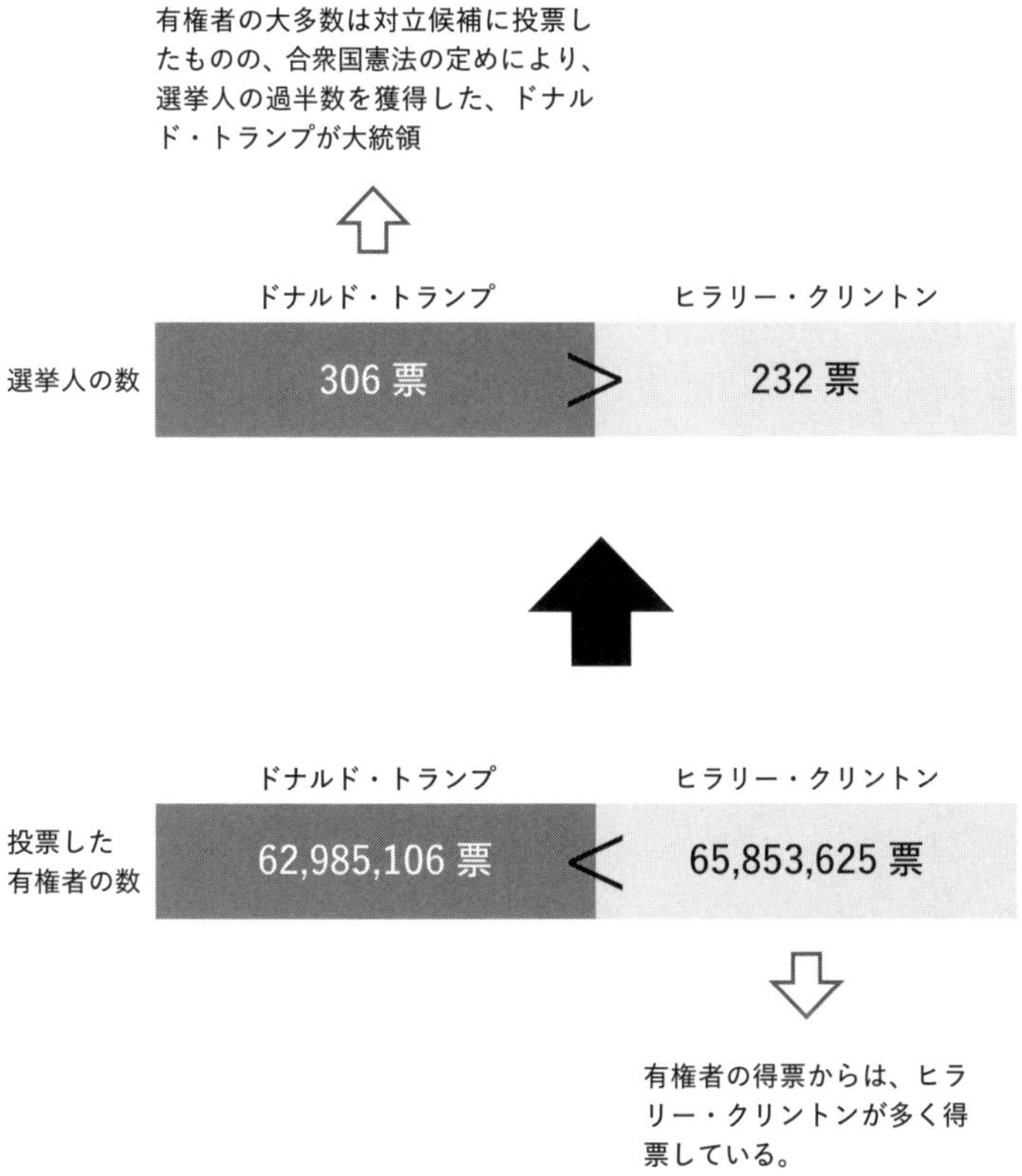
有権者の大多数は対立候補に投票したものの、合衆国憲法の定めにより、選挙人の過半数を獲得した、ドナルド・トランプが大統領
ドナルド・トランプ
ヒラリー・クリントン
選挙人の数
306票
232票
ドナルド・トランプ
ヒラリー・クリントン
投票した有権者の数
62,985,106票
65,853,625票
有権者の得票からは、ヒラリー・クリントンが多く得票している。

出典：ニューヨークタイムズ2017年8月9日発行；筆者分析

その場合、得票の多数派（ほぼ人口上の多数派）の自由が束縛される。多数派を納得させるための労力は半端ではない。政権運営を誤ると次の議員選挙で議会少数派になってしまい、政権運営がスムーズにいかなくなる。

今世紀になって、立法府（民主党が議会で多数派）と行政府（共和党の大統領）で「ねじれ」がしばしば起こったが、アメリカの立法府と行政府の迷走は世界を混乱させた。

もう一つアメリカで困るのは、アメリカは常に正しいと思い込んでいて、アメリカに不利益なことがあると、相手国は不正を働いているのではないかと疑うことだ。日米貿易摩擦などは良い例だと思う。

アメリカに関して不思議なことは、民主的な国で王家がない国なのに、アメリカ映画（特にＳＦ作品や子ども向け作品）には、王様（皇帝）、女王様、王女様、王子様が登場する作品が多いことだ。ディズニー映画などを見ると、どれだけ王様とかお姫様が出てくることか！

小学校などで子どもに劇をさせると、王子様役や、お姫様役になりたい子どもたちがいっぱい。特に、子ども向けの映画・アニメの影響が強いように思われる。

深層心理学的に分析してみたら面白いと思うが、本当に民主主義を信奉しているのかと思えるほどである。
一方、平等の背理ということであれば、福澤諭吉が『学問のすゝめ』で、日本人として初めて「不平等」を説いている。

天は人の上に人を造らず人の下に人を造らずと言えり。〔後略〕

これは有名な一節で、誰でも知っていると思う。人間は生まれながら平等だという主張である。しかし、この後に続く部分は意外と読まれていない。
慶應義塾大学の学生さんでも「えっ！」という顔をした人を見かけたことがある。

されども今広くこの人間世界を見渡すに、かしこき人あり、おろかなる人あり、貧しきもあり、富めるもあり、貴人もあり、下人《げにん》もありて、その有様雲と泥との相違あるに似たるは何ぞや。その次第甚だ明らかなり。実語教に、人学ばざれば智なき者は愚人なりとあり。されば賢人と愚人との別は、学ぶと学ばざるとに由《よ》って出来る《でく》ものなり。また世の中にむつかしき仕事もあり、やすき仕事もあり。そのむつかしき仕事をする者を身分重き人と名付け、やすき仕事をする者を身分軽き人という。

前の平等の主張に続けて、本来平等のはずの人間たちに差ができるのはなぜかと論を進めている。学問の有無が、不平等の元だというわけだ。

明治の日本は、選挙権を国民全体に与えることをしなかったことからもわかるように、国民皆平等にすべきとは考えていなかったものの、学校の成績という誰でも頑張ったら得られる指標で人間の価値を測っていた。

頑張って成績上位になって帝国大学など有名大学に進学すればリーダー(故郷に錦を飾れる)になれる。一方、成績が奮わなければ、リーダーの言うことを聞かざるを得ない。

ここで、成績が基準で、自由を謳歌できる層と、不自由になる層とに分かれる。今でもこの社会的不平等は継続している。成績が偏差値に取って代わられ、偏差値で測られるようになったことが当時との違いだ。

職業に貴賤なしと言われるが、『学問のすゝめ』における以降の節で述べられるように、実際には言葉には出さないものの、職業にも「偏差値」のような優劣がついている。

すべて心を用い心配する仕事はむつかしくして、手足を用いる力役《りきえき》はやすし。故に、医者、学者、政府の役人、または大なる商売をする町人、夥多《あまた》の公人を召使う大百姓などは、身分重くして貴き者というべし。身分重くして貴ければ自《おの》ずからその家も富んで、下々《しもじも》の者より見れば及ぶべからざるようなれども、その本《もと》を尋ぬればただその人に学問の力あるとなきとに由《よ》ってその相違も出来《いでき》たるのみにて、天より定めたる約束にあらず。

諺《ことわざ》に曰《いわ》く、天は富貴を人に与えずしてこれをその人の働きに与うるものなりと。されば前《ぜん》にも言える通り、人は生れながらにして貴賤貧富の別なし。ただ学問を勤めて物事をよく知る者は貴人となり富人となり、無学なる者は貧人となり下人となるなり。

福澤諭吉などと言ったら、「お前、古いなぁ！」と驚かれるかもしれない。私が驚いたのは、慶應義塾大学生で福澤諭吉の『学問のすゝめ』『福翁自伝』も『文明論之概略』も読んだことがない学生がいたこと。

慶應義塾大学に進学したにもかかわらず、義塾創始者の思想を理解していないということだろうか？

文庫本だから、大した本代でもないし、明治時代にベストセラーになったほど影響力があったのだから、ケチらず令和の日本人も読んでほしい。

日本国民全体とは言わないものの、少なくとも現代の日本人の一部だけでもいいから骨の髄まで福澤諭吉の思想が染み込んでくれたら、日本はさらに良くなると思う。

福澤諭吉が出たので、ここでちょっと脱線。

福澤諭吉は日本でこそ有名だが、海外では知られていない。海外で知られている福澤諭吉と同世代の日本人は、同志社大学を創設した新島襄《にいじまじょう》だ。

新島襄は、アメリカでアメリカ人が羨ましがるほどの典型的なエリートコースを歩んでいる。つまり、日本でいう筑駒・麻布・開成から東大みたいな、フィリップス・アカデミーからアマースト大学（同志社大学ではアーモスト大学と呼んでいる。本書では以下アマースト大学）という、アメリカ人エリートが羨ましがるような名門校出身である。

それだけでなく、第一次世界大戦後のベストセラーであるヘルマン・ヘッセの小説『デミアン』（新潮社）に日本人の宣教師として描かれている。

アマースト大学のカリキュラムは、ハーバード大学が学部生向けのカリキュラム作成の際に手本にしたほど優れたカリキュラムで、アマースト大学の卒業生はアメリカの指導的な地位で活躍している。ハーバード大学に合格していても、アマースト大学には必ずしも合格できないと言われるくらいの超難関校だ。

新島襄は、それだけでなく、ヘルマン・ヘッセの小説で世界中（日本人を含め）の人に影響を与えたのだ。新島襄に会った時、ヘッセは七歳。後に絶対平和主義者としてフランスのロマン・ロランと共に反戦・平和主義を唱えるが、ここには新島襄の影響があるそうだ。

日本人が世界に影響を与えた最初の事例として、少なくとも同志社大学の卒業生は胸を張って誇っても良いのではないだろうか。

福澤諭吉は、日本を強靭にするという功績があった。一方、新島襄は国禁を犯してでも海外渡航を行い、さらには、今日のアメリカでもエリートが受けるというほどの優れた教育を受け、それだけでなく、世界を相手に活躍したという功績がある。

福澤諭吉は、日本を作り上げるのに必要な人材。

新島襄は、日本人でありながら、世界を相手に活躍した日本人。

今までは、福澤諭吉のように、日本を強靭にする人材が求められていたが、これからは新島襄のように、海外で活躍できる日本人が求められているのではないか？

新島襄のように、海外で活躍した後に、世界を相手にした経験を元に、日本でも若い日本人を鍛えるというのは、今後の日本には理想的な人材だ。

＊　＊　＊

本書では、ＭＩＴ留学から始まって、マッキンゼーやＧＥで過ごしたアメリカ在住や、シンガポール政府プロジェクトで過ごしたシンガポール在住の、のべ三〇年の海外経験から日本を見た、いわば浦島太郎的な視点で、ニッポンで不思議だと思ったことを書いてみた。

そして、日本が経済大国として、世界の中での責任を果たせるようになってほしいという願いを込めて書いている。

それを達成するためには、日本をきちんと理解することができないアメリカ、そのアメリカを言葉には出さないもののいまだに戦勝国とみなすこととか、アメリカで起こっていることをグローバル・スタンダードだと思い込むことをやめることだ。

他の文化を理解しようとしないアメリカ人のステレオタイプを直そうなどというの

は時間と労力の無駄だ。つまり、

●アメリカの影響力は、EUがアメリカ企業の活動を制限するようになったことからもわかるように、かなり低下している。すぐに低下が顕著になるわけでもないので、アメリカの行動の研究を進めておいて、日本独自の意見を持ち、必要なら従属、そうでないなら独自の立場を取るようなことをしてもよいのではないか

●アメリカの国債は日本が第一位で、二位の中国の倍引き受けている。額にすると、一兆ドル強。日本円に換算すると、一五〇兆円。日本国の年間予算が一一二兆円だから、軽く日本の年間予算を超える金額の米国債を保有している。アメリカは日本に対し偉そうにしているが、日本から借金しないと回らない国。なおさら、日本も独自の意見を持つべきだ

●日本は「失われた一〇年」以降、元気がなくなっている。GDPも名目ベースではあるものの約四兆二千二百億ドル（約六三三兆円）。ドイツ（約四兆五二七〇億ドル：約六七九兆円）に抜かれ、世界四位と奮わないように思われているが、まずこの数字は

物価上昇を考慮しない実質ではなく名目であること、個人の預金残高（約二〇〇〇兆円）や米国債残高（約一五〇兆円：日本の年間予算を上回る金額）からわかるように、日本は実は金持ちの国なのだ。だから元気をなくす理由はないはず。

ビッグマックも国によって価格が違っているが、そういう物価上昇の効果を考慮した実質でも、日本は奮わない。各国のGDPという指標も、国が買うモノやサービスのための予算としては、国が自由には使えない金融資産の両位は及ばない。一人当たりのGDPがシンガポールの半分だと言う。一人当たりのGDPをシンガポール並みに引き上げ、企業の国際競争力を高めれば、GDPはアメリカ、中国に次いで名目ベースでは世界第三位まで回復できるはず

●元気が出ないのは、自分の生活が豊かになっているという実感がないから。これはアメリカを基準として日本を見るからだ。国力があるにもかかわらず、世界的に誰も日本を注目しなくなった。

目立たない時に、ひっそりと豊かさを実現するほうが良いと思われる。そして「ほら、実は、こんなこともできているよ」と世界に誇れることを多く実現するほうが現実的だろう。

江戸の絵画や俳諧が、開国後世界的に評価されたように、また日本製品（ソニーのウォークマンとかトヨタ・日産・ホンダの自動車とか）の品質が世界を上回って世界中をビックリさせたように

アメリカの悪口が多くなっていることが目障りかもしれない。「そんなに悪口を言うくらいならアメリカに住まなければいいのに」というご意見はもっとも。

実は、私は二〇代からアメリカ嫌い。その意味では筋金入りだ。外国人を差別しないのでニュー・イングランドは大好きだけども、南部も中西部もテキサスもカリフォルニアも大嫌い。

だから、今はニュー・イングランドに住んでいる。留学時代からずっと住みたかったので、やっと実現できたと喜んでいる。

以下の章では、不思議の国ニッポンについてもっと細かく議論していきたい。

（立ち読みでここまで読まれた方に。長くなってすみませんでした）

目次

第2章 これからの世の中

まだ僅差の世界四位——今なら間に合う　111

第3章 日本はこれから立ち上がる

起業のススメ　169

第1章

チグハグな日本

バブル崩壊後の三十余年で、日本は世界から取り残されてしまった

「バブル崩壊」「失われた一〇年」「就職氷河期」など、一九九〇年代は色々とネガティブなことが言われた。

実は、バブル崩壊後のＩＭＦ（国際通貨基金）の統計などを見ると、一九九〇年代は実質ＧＤＰは四六一兆円で、一人当たりの購買力平価ベースでのＧＤＰは一万九四八六ドル。これはそれぞれバブル期（一九八七年）の三七三兆円と一万五〇五一ドルとを上回っていたのだ。

そして一九九三年にはＯＥＣＤ（経済協力開発機構）主要国の保有する金融資産が三二兆ドル、加盟国の名目ＧＤＰが一六兆ドルの二倍を上回ってしまった。こうなると国単位の経済政策も成り立たない。

どういうことかというと、荒っぽい説明だが、経済活性化しようと思えば、企業が

事業に投資し、従業員を雇い、給料を払えば、従業員はモノを購入する。そのモノを製造するために企業は投資し、従業員を雇う。そのために、政府（あるいは中央銀行）は金利を下げて投資に必要なお金を借りやすくする――

という具合に、連鎖的に経済が良くなるはずであるが、自分が金融資産を持っていたら、手っ取り早く資産を増やすには、金利の大きいところに金融資産を動かすほうがよい。

そうなると経済活性化のために金利を下げても、よそに金融資産が動くだけで、投資やモノを購入するという経済活性化には効果が出てこない。

要は、日本はバブル期を考え違いしていたのだ。

■「失われた一〇年」その後一〇年ごとに「失われた一〇＊n年」に

本当にバブル崩壊後の一〇年は失われたのか？

失ったのは、無策だったからではなかったのか。景気の指標として、ＧＤＰを見て経済政策を実行するのであれば、バブル崩壊後の経済政策は誤ったというべきだろう。

ただ、バブル期に経済指標として資産価値を見るということであれば、それで首尾一貫させるべきだったと思う。

バブル期には、日本の銀行は資産価値を見て融資判断をしていた。これは、アメリカのような、キャッシュフローが十分に元本金利支払い分をカバーできるかで判断するキャッシュフローベースの融資判断とは異なる。

そして、バブル崩壊と共に、担保の資産価値が目減りして銀行からの融資が停滞した。実は、キャッシュフローベースなら貸し出せたにもかかわらず、である。

昭和初期の金融恐慌の際に採用された貸付の際には、担保をとる「有担保原則」がここで表に出てきてしまった。欧米では、金融恐慌の教訓から「有担保主義」から貸出先の信用能力に格付けを行うという「格付け」に移行し、与信はキャッシュフロー原則に移行していた。

■そして、とうとう世界四位。悲観しなくてはならないか？　いや違うだろ！

二〇二三年に名目GDPではドイツに抜かれ、日本は名目GDPでは世界四位に

「転落」した。一九六八年に当時の西ドイツを抜いて以降、世界二位を保持していたが、二〇一一年に中国に抜かれて三位。

日本は経済力という面では凋落の一途を辿っているように見える。

ここで留意しなくてはならないことは、国同士が競争しているように見えるが、実際には競争していないことである。

実際に競争しているのは、国の中の企業である。つまり、日本のGDPの順位が下がっているのは、日本企業が日本国内で行う経済活動が衰えていることを示している。

製造業は海外での企業活動を増やしているが、その他のウォルマートやアマゾンが行っているような流通・小売サービス業などは輸出できる産業ではないので、国力の衰えはサービス業の衰えとリンクしていると考えたほうがよいと思う。

アメリカがGDPで上位にいるのは、製造業は海外に拠点を動かしてしまったものの、サービス業などが好調だからである。

もう一点。経済力を表す指標はGDPを元にしているが、人口一億二千万人の日本と、八千三百万人のドイツを比較することにどれだけの意味があるのか？

そもそもGDPは、指標として実態を表しているのか？

また、企業分析をしている人ならわかると思うが、GDPはいわば企業の売上に相当するが、企業の資産に相当する国としての資産、特に基軸通貨であるドルベースの米国債の保有残高でいうと日本はダントツの一位で、一兆一五〇三億ドル、つまり一七二・六兆円。二位の中国には五〇パーセントもの差をつけている。

アメリカはこれだけの借金を日本から行っているのに、日本に対する態度が非常に悪い（「お前ら、人から金借りておきながら、頭《ず》が高いじゃないか！」とアメリカに言える）。偉そうにしている。


それに、個人の金融資産が金融資産の算出のベースになっていると思われるが、個人預金は二〇〇〇兆円。日本の年間予算が一一二兆円だから、軽く年間予算を賄える程度の規模の金融資産を持っていることになる。

こうなると、日本政府の経済政策もうまく行かない。つまり、世の中で使える資金がたかだか一一二兆円で、仮にこれだけのお金がモノやサービスを購入する方向に向かったとしても、個人資産の二〇〇〇兆円の資金力には勝てない。

元々、日本人の価値観として、「資産を持つこと」に意味を見出していたのではなかったか？　井原西鶴《いはらさいかく》の『日本永代蔵』などを見ると、蓄財の勧めは書かれているが、売上は大事ではあるものの、売上の中から財を蓄えることが重視されていたのではないか？

要は蓄財である。

『方丈記』（岩波書店）の二五ページには、以下のような記述がある。

財あれば恐れ多く、……

また、『徒然草』の第三八段には、

財《たから》多ければ身を守るにまどし。……

つまり、鎌倉や室町時代の頃より、財をなすことが基本で、財をなすことが大事だと思われていた。

また、戦国時代から江戸初期には、民間では「長者教」という金持ちになるためのハウツー本が仮名草子として流布していたようだ。当時の長者たちがどのように財を築いたかが書かれており、内容的には「奢侈逸楽《しゃしいつらく》を戒めて家業を専《もっぱ》らとすべし」という精神訓話的なものだ。

貨幣経済が発達する前で、元禄時代のバブル期にはまだ至っていないので、倹約を説くというのはもっともだ。

■日本で見かける不思議な「横並び」現象

本題に戻って、もう一つ日本に関して気になるのが、「横並び」現象だ。

日本の各社は差別化を唱えながら、他社と同じことをしていないか？「差別化」を唱えながら、蓋を開けてみたら競合他社と似たような経営方針を毎年発表している。

不思議なのは、各企業は事業戦略の差別化を訴えていながら、事業戦略がほぼ同じものに見えることである。

同じ業界の競合メーカーA社の事業戦略とB社の事業戦略で、A社とB社の名前を入れ替えてもわからないほど似通っている（私は、四半期の投資家説明会の資料で名前を競合会社の名前に変えて、どこまで差別化が本物か試すことにしている）。

■四年が長期で二〇年が短期？　日本の社長の任期は横並びで二期四年。一方、ウェルチ会長二〇年

アメリカでよく聞かれるのは、「日本企業の社長は二期四年しか務めないのに、日本企業に問い合わせると『長期的視点に立って社長を選んでます』。二期四年は、二〇年間CEOを務めたGEのウェルチ会長の在任期間よりかなり短いが、それでも長期的？」という質問。

アメリカ人からすると不可解な現象のようだ。

実は、リーダーシップのスタイルが違うので在任期間だけを比較するのは間違いだ。

リーターシップのスタイルには、大きく二つある。一つは「率《ひき》い型」。もう一つは

われている。「まとめ型」だ。「率い型」は別称が「パパ型」、「まとめ型」は別称が「ママ型」と言

組織の先頭に立って組織を引っ張っているのが「率い型」。一方、組織の意見をまとめながら（コンセンサスを取りながら）、組織を一つの方向に導いていくのが「まとめ型」。

日本のリーダーは、圧倒的に「まとめ型」が多い。「率い型」に見えても、担《かつ》がれて神輿《みこし》の上に乗っているケースがほとんど。

神輿に乗りたければ（つまり社長になりたければ）、担いでくれる人たちをまとめたうえで、神輿に乗ることに同意してもらわなくてはならない。そして二期四年の任期の間は、組織のコンセンサスをまとめながら経営を行っていく。

そして、組織をまとめていくには様々な部門を経験しておいたほうがよいということで、将来の社長候補は、適当な時期からローテーションで社内の様々な部門に異動して経験を積む。

例えば、住友銀行（現・三井住友銀行）の西川善文《にしかわよしふみ》元頭取は、若くして将来の頭取と言

われていたが、融資三部(7)という住友銀行行内の特殊部隊、その後企画などを歴任して頭取に。

西川善文氏は、二期四年ではなく、一〇年以上の長期にわたって実質上の経営にタッチしていたのだ。

また、後にアサヒビール社長に就任した樋口廣太郎《ひぐちひろたろう》氏も同様に、住友銀行時代に子会社の破綻に端を発し、日銀が乗り出すほどの経営危機を起こした当時の十大商社の一社の安宅産業の処理で頭角を現し、経営力を買われて副頭取まで昇進し、その経営力はアサヒビールの業績向上で証明された。

西川、樋口両氏に共通するのは、銀行内の部門を経験するだけでなく、融資先の立て直しなどを通して、経営力を身につけたことだろう。

■どの企業も、横並びでＤＸに邁進。皆さん、＊Ｘがお好き

流行というのは、日本企業への影響として、恐るべき効果を発揮する。

世の中でＤＸ（デジタル・トランスフォーメーション）が流行り出すと、自社でも、と始める。ＥＲＰの時と同じように日本企業は、我も我もとＤＸに注力している。

(7)この部門は伝統的に、安宅産業やイトマンのような貸付残高が多く問題を抱えた企業案件の処理を行う。ここの経験者は大体将来の幹部候補と言われる。

ERPの際には、どこかの企業がSAPを導入したという話を聞くや、大した調査もせずにベンダーを呼んで話を聞き（というより値段を聞き）、値段が折り合うようであれば、すぐ導入。しばらくすると、既存のシステムに比較して使い勝手が悪いということで内部のコードを改造し始める。

そのうち収拾がつかなくなってERPはダメだという評価になったり、自社の予算管理などの仕組みとの整合性が悪いので、ERPの横で担当者がExcelなどの表計算ソフトに必要なデータをダウンロードしたうえで必要な計算を（隠れて）するようなことが行われた。

DXに関して言えば、筆者は二〇一六年にシンガポールでヨーロッパ企業の仕組みを見学したことがある。

その際に感銘を受けたのは、組織の壁を取り払い、ビジネスのフローが最適になるように構築されていたことだ。このような組織の壁を取り払うようなことは日本企業にはできないだろうと思った。

今、日本で議論されているような仕組みを八年も前に見学したということは、日本はシンガポールにあるヨーロッパ企業より八年遅れだということだ。

今や、マネージメント・トランスフォーメーション（MX）とかエンタープライズ・トランスフォーメーション（EX）とか新しい言葉が出てきている。

日本企業だけでなく政府もこのようなアルファベットの略語を頻繁に使っているところを見ると、よほど、日本はナントカXが好きなようである。

仕組みの構築のための費用が無駄遣いにならずに、実際の効果が上がることを祈っている。

■ビジネスの流行の横並びオンパレード（＊X、プロ経営者、フィンテック、AI、ChatGPTなどなど）

ビジネス誌などに他社が新しいシステムを導入したとか新しい経営手法を導入したなどという記事を目にするや、「我が社ではどうなっている？」とご下問があり、社内で緊急の大検討プロジェクトが始まる。

その結果、似たようなシステムとか似たような手法の導入が検討される。

その際には、ほぼ導入ありきという前提で、本当に自社に必要か、あるいは自社に全部必要かなどの検討はすっ飛ばして、導入のための準備組織ができる。

これは、マスコミや一部株主から、先端事例として聞いてきた話として「御社はどうなっているのか？」と聞かれた際に、「うちはまだやってません」などと発言しようものなら、炎上・袋叩きに遭うことが目に見えているので、どうしても横並びにならざるを得ない部分があるようだ。

でも、本来なら、「うちの大将」（つまり社長）が世の中でみっともないサマを晒さないように、「やらない」ならやらないなりの理論武装を社長の参謀が行っておくべきで、「あそこの会社は流行には乗らないが、いつも素晴らしい見識を示してくれる」というような高評価をもらえるようにするのが本来の姿だ。

横並びで実際に手がけると、中途半端に資金を使うことになる。

■こんなことやってても、日本は良くならない！

日本は、海外とか競合他社でやっていることを真似するのではなく、元々ものの考え方や優れた技術を学んで、自分のニーズに合わせて改良し、使っていたのではないか?

日本語は、中国からの漢字をベースに、ひらがなやカタカナという日本独自の文字体系を作り上げたものだ。また、江戸時代には、オランダなどから理学・医学などを学んだが、専門用語は日本語化し、日本語で学べるようになっている。

これが、日本人の教育レベルを上げる基礎になったことは忘れてはならない。

また、日本の品質管理は世界でもトップクラスだ。これは元々アメリカのデミング博士が日本に導入したものだが、日本ではそれを現場に合うように、現場の作業者で小グループを作り、現場の作業の改善を推進するような小集団活動や不良品ゼロ運動として改良し、さらに進化させた。

GE在職中に、後に品質活動だけでなく経営手法として普及したシックスシグマ活動になるプロジェクトに参画した。

ウェルチ会長が「日本から学べ」というわけで、当時GEの顧客やビジネスパートナーだった日本のメーカーを訪問して、その日本のメーカーが経営上注意しているところを教えてもらった。

そこで、ユーザーに渡った商品が不具合を起こした後に不具合対策を行うよりも、製造プロセスの中に品質管理を組み込み、最終製品が不具合を出さないようにするほうに注力をしていることがわかった。

元々経営手法の革新を目指した経営指標プロジェクトという名前だったが、後にシックスシグマという名称になった。

その名前を聞いた際に、日本のメーカーは品質改善プロジェクトでZD（ゼロ・ディフェクト）運動を展開していて品質が高いが、ウチは百万個作って三個までだったらディフェクトを認めているわけねと、日本が不良品ゼロを目指しているのに不良品を認めるというのは、最初から負けがわかっているだろうといやみを言った記憶がある（日本だったら、不良品そのものが許されないのに三個までというのは甘やかしすぎでは？）。

それはともかく、この品質管理の進化とその実効性を高めるための工夫（フィッシュボーンという要因解析手法や、製造現場で不良品撲滅のための小集団活動）などは日本人の創造性の賜物だろう。

例えば、トヨタは自社のために、ＰＤＣＡでも独自の仕組みを作り上げて、生産性向上のために、在庫管理で在庫がなくなって組み立てができない場合に、組み立てラインの目立つ所に目印になる看板を立てるという方法（カンバン方式）を編み出し、日本発で世界のトップ企業として活躍している。

また、ＩＴでは世界の六〇パーセントのシェアを持つ、日本発の、日本で独自開発したソフトもある。アメリカ追従ではない、日本独自の技術や経営技術では日本の実力は捨てたものではない。

このようなことを様々な企業が行えば、日本は良くなる。

第2章

これからの世の中

優秀な官僚たちがよく考えた（はずの）うえの「チグハグ」

おそらく、政府は世の中を良くしようという善意の意図で施策を練っているのだろうと思うが、それが裏目に出て、傍から見ているとお金をかけてチグハグなことを行っているように見えることがある。

意外と、日本の施策でこのようなものが多いので、ここで取り上げてみたい。

昨今話題の少子高齢化を取り上げよう。

一九七二年に、世界的なシンクタンクのローマクラブがマサチューセッツ工科大学のフォレスター教授が開発したシステムダイナミクスの手法を用いたシミュレーションを行い、「人口増加や環境汚染などの現在の傾向が続けば、百年以内に地球上の成長は限界に達する」というレポートを発表した。

そこで人口増加に関しては、一九七四年の世界人口会議に先立ち、日本は人口宣言を出し、「子どもは二人まで」と宣言している（田中角栄内閣）。

実は、一九七一年から一九七四年頃までは第二次ベビーブームで人口が増え続けていた頃に当たる。

宣言した場は、第一回日本人口会議で、この会議は厚生省（当時）と外務省が協賛していた。つまり、日本政府のお墨付きというわけだ。筆者も大学生で、世界人口会議に先駆けてこのような宣言を出したことに、日本が主導的な立場を取った画期的な出来事だと思い、快哉《かいさい》を叫んだ一人である。

政府は国際人口問題議員懇談会を一九七四年設立し、初代会長として岸信介《きしのぶすけ》氏（以下敬称略）を選出。第三代会長は安倍晋太郎《あべしんたろう》が任命された。

そして、日本の出生率（合計特殊出生率）は、一九七四年は二・〇五、そしてその翌年一九七五年には一・九一を達成。目標達成万歳！　かと思いきや、一九八九年に一・五七まで低下。

余裕を持って達成と発表するかと思えば、一九九〇年には一・五七ショックなる言葉で、少子化の問題が提起され、一九九二年の国民白書で「少子社会の到来、その影響と対応」と認識が示された。

さらに出生率は低下し続け、二〇二一年には一・三〇まで低下。

この数字なら世界に誇れるはずと思ったものの、これは大きな勘違い。

二〇一八年に安倍晋太郎の息子の安倍晋三《あべしんぞう》首相は、「少子化は国難」と発言。父子でチグハグ？　また、父子共に厚生省（現・厚労省）が関わっている。

世界の人口が爆発的に増加するのはまずいという観点からすると、人口抑制が必要。ただし、日本としては少子化は困る。

国として「産め」というのか「産むな」というのか、「出生率が二人以下まで落ちすぎたので国難なのか」「出生率が二人まで上昇したらよいのか」はっきり示すべきだろう。

少子化対策は、フランス政府が効果が上がるまで試行錯誤を繰り返した子育て支援策が功を奏し、ヨーロッパが実際に成功させた実績がある。最近はヨーロッパでも出生率がまた低下し始めたという事実はあるものの、どういう支援策が効果があったのかを先行事例として研究すべきだ。

まとめ

人口宣言で「これから、少子化を目指します」（一九七四年）と言っておきながら、「少子化は国難」（二〇一八年）って。真逆のことを言っていて、世界に対してよく恥ずかしくないもんだ。

■世界がつながり国境が消えつつある時代なのに、国内対海外という発想の時代錯誤

一九九三年にアメリカに転勤で来て驚いたのは、どの日本企業にも当たり前にあった海外部門が、ＧＥを初めアメリカ企業にはないことだ。つまり、各事業部はそれぞれ世界を相手にしていて、世界中から問い合わせを受けている。

日本のように、海外からの問い合わせはまず海外部門で受けるということがなく、いきなり海外から問い合わせが入る。言葉が通じない場合は、その外国語がわかる人に転送するなり、コピーを渡して内容を理解したうえで各事業部が返答する。

実際には、ＧＥにも国際と名のつく部門があったが、これは管理業務と節税対策であって、日常的には海外事業には関与しない。

■国際ランキングを気にするなら国内政策より海外との競争を意識すべき

日本人は、日本あるいは日本を代表する組織の世界ランキングを非常に気にする国民である。実際には、日本人というより日本のメディアのほうが気にしているのかもしれないが、世界X位というのはオリンピックの金メダルの数だけではなく、様々な場所や業界で目にする。

スポーツの世界であれば、国際大会で競争する相手を意識して自己のスキルを上げていけばよいが、企業、大学、あるいは国などは、ランキングを気にする程度には海外との競争を意識はしているものの、実際に海外の企業、大学、国などと直接には対峙していない。

日本企業で多いのが、海外で自社の製品を売る前に、国内で商品の完成度を高めて、余力があれば海外進出するパターン。わかりやすい失敗例は、日本の携帯電話だろう。日本ではNTT向けの携帯電話の改良を重ねて完成度を高めていった。

一方、海外ではパームパイロットやブラックベリーなどに加え、アップルやグーグルが開発したソフトを搭載したスマホが出始めていた。

国内市場に注力している間に、海外勢はスマホに移行し、スマホに乗り換えた国内ユーザーのおかげで市場はスマホに席捲され、注力してきた携帯端末はガラパゴス・携帯（ガラケー）と揶揄《やゆ》され、海外勢のスマホに市場から淘汰されるという経験をしても、日本企業の国内市場優先という姿勢は変わっていない。

つまり、海外から遮蔽された国内市場に注力している間に、本当にユーザーが欲しがっている製品分野において海外勢に不戦勝を与えてしまっている。これでは、国際ランキングを気にしていても負け続けることになりかねない。

大学なども、ランキングを気にするとか、外国語対応や外国人教員を増やすなどの目先の対応より、外国人研究者を惹きつけるような研究実績とか研究成果を出すような研究体制の構築にフォーカスすべきだろう。「この分野だったら、世界の中でも日本のあの研究室しかないね」という評判が立てば、いやでも国際化はできるはずだ。

今のように、「日本では研究はできない」(8)というような評価が出ているようでは、日本の国際化は覚束《おぼつか》ない。

(8)米国の大学院や研究機関などでは、日本のポジションを取ることは、研究者としての自殺行為だと言う言説が共有されている。このような状況では、日本の大学・研究機関の国際化は覚束ない。

■「ちょっと考えたら」今の経済ランキングの根拠がおかしいと気付くはず。なんでGDP？　資産額ではないの？

一九九二年には、先進一〇カ国つまりOECD（経済協力開発機構）一〇カ国の金融資産総額は三二兆ドルで、GDPが一六兆ドルだから、その二倍。つまり、手元に資金として三二兆ドルという現金があるものの、各国が支出する資金はその半分。その予算の中から、企業がモノを買ったりサービスを利用する。

だとすると、先進国が経済政策で金利などで輸出や雇用などを改善するにしても、二倍の規模の金融資産を念頭に置いて対応しなくては、効き目はない。

荒っぽい言い方を許してもらえば、お金をタンスにヘソクっておくのと、実社会で製品やサービスの購買活動に使って国富を増やすのとの違いだ。金利の良いところに金融資産を動かされたら、輸出や雇用の改善以前に為替レートが動いてしまう。

つまり、GDPベースの国のランキングだけでなく、金融資産なども国別ランキングで考慮しなくてはならないのだ。

ここまで広げてランキングを試算しようとすると、ランキングはそれほど単純には決まらない。

こんなことは企業分析をしている人だったらすぐにわかるはず。つまり、企業分析の際には、損益計算書だけでなく、貸借対照表も参照するはず。国の場合は、損益計算書だけでよいなんてはずはない。

特に日本のように、貯蓄率が高い場合はＧＤＰに現れる数字だけではなく、国の資産も重要なはず。

■いつまで経っても書生気分。「オモテに出て、外を見ろ！」

日本について残念なことは、いつまで経っても日本は途上国（敗戦国）でアメリカのような「先進国」（戦勝国）に教えてもらう立場だと思っていること。

『ジャパン・アズ・ナンバーワン』というハーバード大学教授エズラ・ヴォーゲルの著書が出た一九七九年頃から「もう教えてもらうことは何もない！」などと言う人も出てきたが、それならば、国内になぜ問題が山積しているのか？

一九八〇年代から、平均寿命では日本は世界的にトップクラスの国だ。その頃から将来の高齢化が表面化していた。

現在、世界を見渡してみて、日本ほど高齢化率の高い国はない。高齢化に関しては、話を聞ける国はないのだ。

高齢化とは、いったいなんなのか？　何を解決しなくてはならないのか虚心に問題に当たってみて、本質を見極めることをやっているのか、外から見て非常に疑問だ。

アメリカにいると、日本政府などが声をかけた日本からの視察団がやってきて、アメリカの高齢者施設などを見学して、日本に帰っていく。その間、「見せて」とか「教えて」とは言うが「これが我々が直面している課題だ」という発言はないし、まして「知恵を貸してほしい」と言ってアメリカの組織と議論をすることもない。

ただ見て帰るだけ。書生気分が抜けていないように見える。

海外を見に行くこと、それ自体は悪いことではない。でも、見るだけでは課題解決にはつながらない。必要なのは、問題を解決する知恵を学ぶことだ。

■自分の殻に閉じ籠ってないで「書を捨てよ、町（世界）に出よう」「何でも見てやろう」

もう一つ言うなら、アメリカのニュースを日本で見るだけではなく、例えばアメリカで売れている新商品があれば実際にアメリカに行ってみて、実際にニュースで報道されているように使われているのか、効果はあるのか、使い勝手は良いのか、などを自分の目で見てきて、本当に自分のところでも同じことをやる価値があるか、判断してみることが重要だ。

ニュースという二次情報ではなく、自分の目で見た一次情報の価値をもっと尊重すべきだと思う（一次情報の重要性は第3章でも触れる）。

「おつりの計算も間違える」ような日本人を大量生産する「ゆとり教育」

「ゆとり教育」というお題目の下、日本は学校で教える内容をそれまでの学習指導要領から三割減らした。これは、七〇年代に問題になり始めていた「自殺」「いじめ」などの問題が詰め込み教育が原因だという認識に基づいている。

当時の臨時教育審議会（内閣府の中の諮問機関。長期的な観点から教育のあるべき姿を首相に提言）では「詰め込み教育からの脱却」と「教科内容の厳選」ということが言われていた。

教科内容については、将来の国を担う人材の能力に関わる問題なので「厳選」して競争力を損なわないようにしなくてはならないが、ＯＥＣＤが実施している国際的な学力調査であるＰＩＳＡでの日本の成績を見ると、他国に抜かれるなどの問題が見られる。

「ゆとり教育」で授業時間を一割削減、教科を三割削減。これで本当に、学生の実力は海外にも負けないレベルを目指していると言えるのか？

教科の問題と同じくらいに大事な課題は、教員の不足。二〇二二年には、四五パーセント以上の自治体で教師不足だ。

それだけではなく、実質的に生徒の学力維持に貢献している塾でも講師が集まらない。また塾が講師を採用できたとしても、生徒の偏差値より講師の偏差値が下だと塾の生徒が集まらない。

「生きる力」「調べる力」「思考能力」、どれも大事だが、これらの土台となる基礎的な学力がなければ、実社会で生きてゆくための知識や技能を身につけられないし、調べようもないし、思考も深くはならない。

また、教える人がいなければ、良い学習指導要領などの方針があっても教育現場などでは実践できない。

アメリカ生活が長くなって来ると、日本から駐在でアメリカに来られる方たちからご子弟の教育相談を受けるようになった。子どもたちが大学進学を考えていた二〇一〇年頃から大学を卒業して大学院に進学する二〇一五年頃に、多く問い合わせをいただいた。

その頃、よく耳にしたことで不思議だと思ったことは、「アメリカでは高校まではレベルが低いが、大学に入って猛烈にレベルが上がる」というものだ。

実は、これは大きく事実に反していると思う。

アメリカの高校では、二〇パーセントのできる子と、八〇パーセントの「おつりの計算も間違う生徒」に分けて能力別に教育する。

このクラス分けは中学の最終学年の平常の学校成績で決まる。だから、高校生を持った親がアメリカ駐在になると、クラス分けのタイミングを逃すので、残念ながら子どもは間違いなく八〇パーセントの「おつりの計算も間違う生徒」のクラスに入れられる。

そうすると、自分の子どものクラス以外に、できの良い生徒のクラスがあることをそっちのけにして「アメリカの高校のレベルは低い」という経験談が日本に送られ、日本の職場で流布《るふ》し始める。

一方のできる子たちの高校のクラスは、多変数の微積分や微積分を使った物理まで履修してしまう。これは、日本の理系受験クラスよりレベルが高い。高校で開講されていない場合は、できる学生は二年制の公立短大であるコミュニティー・カレッジなどで受講する。

アメリカでは、高校卒業までに教育される内容だけでは大学入学時点で要求される内容を満たさず、そのままでは入学できない大学がある。高校を普通に卒業しても、日本で知られているアメリカの有名大学（私立でも公立でも）への進学の要件を満たさないことが多い。

例えば、数学は日本でよく知られている有名大学では微積分まで履修することが求められるが、高校卒業するだけなら二次方程式が解ければ十分である。

付記すると、アメリカの大学は入学時点では理系・文系の区別はない。多くの大学で二年次終了の頃までに専攻を決めるが、そこで文系・理系に分かれることになる。

残念ながら、オックスフォード大学の苅谷《かりや》剛彦《たけひこ》教授の著書くらいしか、高校での指導内容と大学の要求内容とのギャップに関しては正確な情報は扱われていないようなので、日本では大きく誤解されている部分だ。

おそらく、日本からのアメリカ視察団の皆さんは、高校で「普通のクラス」を参観し、大学は有名大学を参観しておられるのではないか？

私の勝手な想像だが、「ゆとり教育」が取り上げ始められたのは、『ジャパン・アズ・ナンバーワン』が出版されて日本で話題になっていた一九八〇年代であるから、アメリカと肩を並べることが優先課題で、おつりの計算もここまで間違うからアメリカ並みになったと喜びたかったのではないかと邪推したくなる。

「俺たちだって、アメリカ並みに、おつりの計算を間違うぞ！」なんて恥ずかしくないのか？

■「ゆとり教育」開始と技術競争力の劣化

ゆとり教育のおかげで、数学などは教科内容がアメリカと比べても減っている。

一九六〇年代の学習指導要領に書かれていたベクトルとか複素平面などは姿を消してしまった。

ベクトルとか複素平面は物理学などでは基礎中の基礎的な部分なので、アメリカのできる子向けの高校のクラスだと、教えることが当たり前になっている。

そして、自分の子どもたちや友人の話で恐縮だが、大体毎日少なくとも夜中の一時、日によっては真夜中過ぎまで宿題や課題をこなしていた。日本だったら学習塾や受験塾でこれくらいの勉強をしているのだろう。

ただ違うのは、アメリカでは大学レベルの内容を高校で教えてしまうことだ。そのために、自宅で毎日夜遅くまで勉強する。

■大学四年間では社会で役に立つようなことを教えることは不可能。特に理工系

ゆとり教育の煽りを受けたのは、おそらく大学の理工系、そしてその卒業生を受け入れる日本のメーカーだろう。大学入学時の数学の知識が貧弱なので、一九七〇年代であれば前提とすることができた、数学Ⅲの知識が期待できなくなってしまった。

一九七〇年代でも、大学での専門課程の教育を行うための時間数が足りないと言われていたのに、大学で科学技術の前提となる初歩的な数学から教えなくてはならないので、大学四年間で一九七〇年代並みの技術（つまり、日本の高度成長期に日本企業が当たり

前に保有していた技術）を網羅することは不可能になってしまった。

技術を担う若手人材の教育レベルが低下しているが、日本企業の技術レベルは大丈夫なのだろうか？

大学四年間で終わらない分を大学院でカバーするとしても、大学院で教える内容を調整しなくてはならない。ということは、メーカーなどで技術系を採用しても、即戦力化は難しい。

三菱重工などは、新入社員に対し研修を行って、不足分の補強と先端技術の教育を行っている。かつてはなかった制度である。

■「脱ゆとり教育」開始（二〇一一年度）、すでに手遅れ？

産業界や有識者からの要望で、「脱ゆとり教育」がスタートしたのは、二〇一一年度。問題は、このような文科省の新しい学習指導要領準拠の教科で勉強した子どもたちが世の中に出てくるのは、二〇二三年以降。

そして、彼らが中堅社員として企業を牽引する立場になるのが、その一〇年後だとすると、それまでは日本の科学技術は沈下する一方になるのではないか？

それまでは、「ゆとり教育」で育った世代が日本をリードするのだろうか？　このようなことを「ゆとり教育」世代が本当にできるのか不安感を持ってしまう。

日本のメーカーの競争力は低下し続けるのではないか？

「苦節三〇年。うちの会社も欠陥商品が多いアメリカ企業と肩を並べるほどまでにアメリカ企業並みになりました。欠陥商品の数はほとんど同じくらいです」なんて言いたい？

何もないところから技術を作るような錬金術を目指す「科学技術立国」

■「科学技術基本法」（一九九五年）と「科学技術基本計画」

一九九五年に、議員立法で「科学技術創造立国」を目指し、科学技術政策の基本的な枠組みとして科学技術基本法が制定された。そして二〇二〇年に科学技術基本法が改正され、「科学技術・イノベーション基本法」と名称も変わり、「イノベーション」と「人文学・社会科学」も含めるのだそうだ。

前進しているように見える。そして新法の下で「長期的視野に立って体系的かつ一貫した科学技術政策を実行することとなりました」なのだそうだ。

一九九五年頃、GEに勤務している時、ニューヨーク州の北の方のスケネクタディにある、エジソンが創設した中央研究所と仕事をしていた。

アメリカ国内では一九八〇年代に、日本のＮＴＴの研究所に相当するベル研、ナイロンを発明したデュポンの中央研究所、ＩＢＭが研究体制を見直していた。同じ頃、ゼロックスのＰＡＲＣ(9)はゼロックスの事業に貢献が少ないので位置付けを変えようという検討を行っていた。

一九八〇年代はＧＥでも研究所がかつてレントゲンの光源を開発したり、大型のジェットエンジン用の軽量で頑丈な材料を開発したのだが、その研究所と事業部との連携方法を変えようと経営企画で色々と模索していた。

一〇年遅れくらいで、日本企業が「集中と選択」という名の下、例えば日立は企業のイノベーションの要であった中央研究所を閉鎖した。

それまでは、基礎的な原理の研究より、企業の製品に密着した技術の応用研究が主で、必要に迫られて行っていた技術の原理を探求する基礎研究も大学に依頼する、あるいは共同研究として行うことにした、と聞いていた。

一九九五年には政府研究開発投資の目標値として、二一世紀初頭に対ＧＤＰ比率で欧米主要国並みに引き上げるとの考え方の下に、一七兆円が設定された。

(9)現在のマッキントッシュで使われているマウスで画面に出ている文字や図形を操作する仕組みを始めて実現したことで知られている研究所。

丁度その頃は、日本の半導体メーカーは製造技術が優れていたため半導体のコストと品質を飛躍的に改善し、世界の半導体（メモリー）では八割のマーケットシェアを持っていたので、国としても重視していた。その結果、半導体関連に日本政府は大規模な投資を行った。

その後の動きはよく知られている通り、日本はメモリー用の半導体に注力し、インテルなどの半導体メーカーはCPUなどに注力した。

一方、台湾のTSMCが世界の半導体業界のビジネスのやり方を変えた。日本の製造技術を導入し、さらに規模の経済を追求して品質とコストを改善し（半導体の専業製造委託）、そして世界最大のメーカーになった。

日本企業はベンチャーを含め、その後の韓国勢の追い上げで競争力を失い、市場から撤退が相次いだ。

最新の科学技術基本計画を見ると、三つの方針が示されている。

一、イノベーション力の強化

二、研究力の強化

三、教育・人材育成

書かれていることについては、まことにごもっとも。以下に、このような取り組みにシンガポールで関わった経験から気になることをコメントしたい。

まず、「イノベーション力の強化」だ。まさに、これは各国が注力していることで、日本も頑張るべきだろう。ただ、「イノベーション力」とは何か、それは「インベンション力（発明力）」とどこが違うのかは、多少突き詰めて考えたほうがよい。

例えば、ライト兄弟が初飛行に成功した。これはイノベーションか？

この初飛行単独であれば、「すごいけど、それで？」の世界だろう。飛行機が大型化して、かつ量産できるようになり、それによって商用飛行機が成り立つようになって初めて社会的なインパクトができてきた。ここで初めて「イノベーション」になった。

航空郵便も郵便飛行機で可能になったし、旅客機のおかげで移動も高速に可能になった。後にＦｅｄｅＸが始めたようなサービスは航空機なしには考えられなかった。

ここで重要な役割をしているのが、技術の「目利き」だ。技術をどのようにしたら社会にインパクトがあるかを考える人だ。

基礎科学でも荒唐無稽《こうとうむけい》な技術的な発明でも構わないが、それがどのように社会の課題を解決することに使えるか？　これを見極めるスキル（つまり、目利き）が必要だろう。

じゃあ、日本は「イノベーション」はダメかというと、過去の松下の電池やＶＨＳ、ソニーのウォークマン、ホンダのスーパーカブを引っ張り出さなくても、直近でも多くの日本人が見過ごしている大きなイノベーションがあるのだ。

日本も捨てたものではない！

例えば、今世界中でＩｏＴが話題になっているが、そこで鍵になっているＯＳは日本発だとは多くの人は知らないようだ。これは、ＴＲＯＮという、一九八〇年代に坂村健《さかむらけん》氏という計算機科学者が日本で始めたプロジェクトが基礎になっている。

なんと、世界の六〇パーセントのシェアである。これに比べるとマイクロソフトなんかちっぽけなシェア（約九％）しか持たない。

また、シンガポールに行くと、都心部や空港からの高速道路などにＥＲＰと書かれているゲート（自動料金徴収システム）を見かける。

これは、日本の三菱重工製で日本のＥＴＣと技術的には同じものだ。非接触で料金徴収できること、またお金にシビアなシンガポール人の気質を理解したうえで、都心部の交通量を制御するには必須の技術と位置付けられている。これも世界に誇れる日本の最先端技術だ。

日本発の優れた技術が日本ではなく海外で評判が高いこと、そして海外での評判を日本人が知らないのは非常に象徴的なことだと思う。

シンガポールとか欧米に技術の目利きが多いということだろうか？

あるいは、技術の目利きが日本では絶滅危惧種なのだろうか？

■アメリカとの差は広がり、中国に追い越され、韓国に追い上げられる

日本が、科学技術基本計画に則《のっと》って、メモリー用の半導体などに注力したものの、半導体での日本勢の凋落は著しかった。

日本の半導体は、大手企業の業界再編や半導体ベンチャーの海外企業への売却が進

み、インテル、インテルのCPUと互換性のある半導体メーカーであるAMDなどのアメリカ企業や、TSMCなどの半導体専業の製造委託企業に追い越されたどころか、どんどん差を広げられている。

ITではさらに深圳や上海にある中国系企業、韓国のサムソンなどにも追い抜かされ、差を広げられつつある。日本企業はどんどん市場から撤退している。

政府が何兆円も投資したお金はどこに消えた？

もっと気になるのが、過去の資金の使い方とその結果に関するレビューや評価がないことである。国民の税金が使われているのに、無駄遣いになっていないかレビューすらなされていないのだ。

計画通りの結果にならないことは科学や技術を扱う場合仕方がないが、当初の目標と実績値の差異分析などを通じて、さらに精度の高い計画を作るのが、トヨタのような自動車メーカーやパナソニックのような家電メーカーに代表されるように、日本企業のお家芸ではなかったか？

役所が指導する企業より、役所がやっていることが杜撰《ずさん》だったら、役所は指導する立場に立てるのか？

アメリカとの差ということなら、企業内研修も、日本の課題だろう。日本企業は基本的にＯＪＴだ。問題は、生徒は先生を超えられるか？　先輩社員が新しいことにチャレンジする費用も時間もない場合、後輩社員は先端技術に触れる機会が失われる。

ここがアメリカ企業との違いだろう。アメリカの企業であれば、大学の研究者を呼んで、積極的に新しい技術を学ぼうとするし、研究所が事業部門に対して積極的に啓蒙活動を行っている。

企業内研修でも、日本は基本的にＯＪＴだ。アメリカ企業がビジネス・スクールの教授たちを招いて新しい経営手法を研修で従業員に教え、そのうえで実務でＯＪＴを行って定着を図るのとは大違いだ。

まとめ

今のような科学技術行政だと、優秀な大学院生や研究者は国外で潤沢な研究資金を獲得して国外で活躍。日本は、「科学技術立国」という看板を挙げるのも恥ずかしくなるくらいに空洞化する。

■いつまでノーベル賞受賞が続くか？

ノーベル賞が科学技術のレベルを図る全てではないというものの、最近増えている日本人のノーベル賞受賞は嬉しい。

日本の特徴的なことは、学者先生たちは一九八〇年代の研究でノーベル賞を受賞しているものの、島津製作所の田中耕一《たなかこういち》さん、旭化成の吉野彰《よしのあきら》さんのように民間企業で一九八〇年代、一九九〇年代の研究で受賞した人が現れたことである。

色々な議論はあったものの、中村修二《なかむらしゅうじ》さんの青色ダイオードも民間企業での研究と位置付けてよいだろう。

田中さんの場合、日本の国立大学や研究機関が気付かずに、海外の企業や研究者が着目した。日本の官が気が付かずに放ったらかしながら、日本の民間技術に海外の企業や研究者が注目したというところがすごい。

海外のほうがイノベーションに関する目利きが上ということか？　あるいは、日本には目利きがいないことの証左か？

さらに、最近気になるのが、日本生まれで海外で活躍している日本人の受賞である。ノーベル賞の受賞には国籍は関係ないから、研究をアメリカで行おうが別の場所で行おうが構わない。

大事なのは、ノーベル賞受賞に値するような研究成果を上げることができた能力があったということだ。

おそらく、今のように日本の大学での研究予算を減額しても、当初の「向こう五〇年間でノーベル賞受賞者を三〇人生み出す」という目標は、日本生まれの受賞者をカウントすれば達成可能だろう。ただし、ノーベル賞受賞までには受賞者は海外の国籍を取得し、日本名はカタカナ表記になっていると思われる。

今のままでは、頭脳流出は加速されると思う。これを和魂洋才というのは、ちょっと悲しい。

一方、大学院博士課程を見ると、アジアからの留学生が目立つ。

大体、日本人は大学院修士課程後に就職して、博士課程には行かない傾向が強い。つまり、日本の大学院の研究レベルを支えているのは、アジアからの留学生ということのようだ。大学で教職のポストがあれば日本にそのまま残るが、ポスト不足なので、学位取得後、離日するようだ。

あまり騒がれていないが、これも頭脳流出として理解すべきであろう。シンガポールにいた時、日本で学位を取得した研究者が大活躍していることを目の当たりにすることが多かった。科学技術には国境はない、という証左であろうか。

ノーベル賞だけではなく、科学技術を担う研究員はどんどん研究予算を付けてくれる場所に移動していく。中国とかシンガポールなどは潤沢に研究資金を提供している。

日本では、立派な法律は有能な官僚がどんどん作り、日本国内には立派な法律はたくさんできるが、科学技術を担う研究者がいなくなる。科学技術を担う人材のいない日本でどのように科学技術を進歩させるのだろうか？

これは、第二次世界大戦中に何もないところから燃料を作れと命令した軍部と同じようなものである。

科学技術に錬金術は通じない。何もないところからということでは、学習指導要領は素晴らしいが、それに則って教えられる教師はいるの？　と思う。

小学校の英語とかプログラミング的教育など、教えられる教師がいないのに、学習指導要領だけ先走っている感が強い。これも錬金術の発想と同根だ。

■アメリカ企業のトップは博士号保持者が目立つ。例えば、GEのウェルチ会長

自分の経験の話で恐縮だが、GEのウェルチ会長はよく「PhD（博士号）を持っている人間が企業にとって一番役に立つ」と言っておられた。ご自身も化学工学でPhDを持っておられた。

また、アメリカを見渡してみると、企業トップでPhDを持っている人は意外と多い。ウェルチ会長は有名だが、イーロン・マスクも応用物理でPhD。製薬メーカーなどではPhDを持っているのが当たり前。そして、経営幹部にもPhD保有者が多い。

ウェルチ会長が仰るには、ビジネスの課題を解決するのと博士論文のための研究をするのとでは、思考プロセスが非常に似通っている。なので、PhD取得のための研究に従事していれば、その思考プロセスはビジネスで応用可能だし、PhDを持っているということでその思考プロセスも使えると判断できる、ということだった。

そういうこともあって、ウェルチ会長は積極的にPhD保有者を採用していた。

同様のことは、マッキンゼーでも見られた。私が東京事務所に入社した時の事務所長は大前研一さんだったが、大前さんはMITで工学博士。アメリカのマッキンゼーの事務所でも経済学博士、経営学博士、工学博士などPhDを持っている同僚たちに囲まれていた。

確かに、経営コンサルタントとして必要な思考プロセスは博士論文のための研究で鍛えられていると思った。

また、ウェルチ会長は、日本の社長の中で、博士号を持っておられる社長とは特に親しかったように感じた。日立製作所の金井務《かないつとむ》社長、ファナックの稲葉清右衛門《いなばせいえもん》社長、キヤノンの山路敬三《やまじけいぞう》社長（当時）などには、彼らがアメリカを訪問されていることがわかると、自分のスケジュールを変更してでも会いに伺っていたようである。

他社ながら、自分の会社のように心配し、また自分が抱えている課題などにもアドバイスを求めたり、親密な信頼関係を保っておられたようだ。これらの社長との面談から多くのポジティブな刺激を受けておられた。

アメリカの大学院の博士課程で気が付くのは、一人でコツコツという日本のイメージとは異なり、博士課程の大学院生は組織をマネージしなくてはならないことだ。個人的なことであるが、私には子どもが二人いる。二人ともアメリカの大学で博士号を取得している。

上の子の場合、自分の研究のために、修士課程の院生数名と学部生数名、それ以外に他の研究室や外部の研究機関の研究者（教授を含む）などもマネージしていた。これだけの組織をマネージするわけだから、博士号を取得してからも、民間企業などから管理職での採用オファーがあるのは不思議ではないと感じた。

上の子は卒業後、博士課程で作り上げた技術を元に製品設計を行い、「開発した技術を商業化したい」という企業に就職した。

他社との共同開発案件などで会社のトップと交渉しているらしい。また就職して半年後にはテスラを購入しているので、そこそこ待遇も良さそうである。

「英語教育」の迷走

■「役に立つ英語」を目指したはずなのに

前節で「ゆとり教育」を取り上げたが、グローバルな時代の次世代の日本人を育てるうえで重要な教育について「英語教育」を例に取り上げたい。

私は一九六〇（昭和三五年）の文部省学習指導要領による検定教科書で勉強した古い世代だ。高校に通っている頃、世の中で「役に立つ英語」ということが言われ、英会話の本が売れたり、英語を習得するための啓蒙書が書店の棚を賑わせていた頃である。

確かに、当時は「聞く」「話す」などの訓練は学校ではあまり行われておらず、自分で教科書の文章を吹き込んだレコードを聴き取れるようにしていた同級生がいたことを思い出す。

高校時代はテニス部で、学校の勉強などそっちのけで朝から晩までラケットを振り回していた。したがって、学校の教科書以外の書物を開いたことがなかったのだ。

おかげで学校の成績はサイテー。自慢じゃないけど、成績は下位一〇パーセントのグループ。三年生の秋が始まっても受験勉強などせずにブラブラ。担任の教師からは「大学はどこにも受からないぞ」という脅しというか「お前なんか、見捨てるぞ」という通告をもらう始末。

そうはいうものの、英語は中学校以来好きで、英語の雑誌（テニス雑誌と鉄道模型の雑誌）は欠かさず目を通していた。「オーストラリアやアメリカのテニス選手と話ができたらなぁ」と思いながらテニス雑誌を読んでいた。そのおかげか、高校一年生の時に英検二級に合格することができた。

■そもそも「役に立つ英語」って何？　「会話？」「emailにすぐに返事が書けること？」

高校ではまともに勉強をしなかったが、一浪して大学に入学し、低空飛行で大学を卒業したのちボストンの大学に留学。ボストンでの滞在時間が長くなってくると、自分が毎日使う英語と、習った英語との差が気になってくる。

つまり、毎日使っている英語と学校で教えてもらった英語とのギャップに気付き、なんで学校ではこういう役に立つ英語を教えてくれなかったのだろうと考える。

まず必要になるのは、読む技術。「使える英語」を普段使っている英語と解釈すると、教科書や学会論文や新聞・雑誌などを読む時間が一番長く、次に宿題とかレポートを書く時間。次はテレビなどの番組を視聴するあるいは講義を聴く（「聞く」）時間、それから「話す」時間だろうか。

おそらく、「読む」と「書く」に費やす時間は一日のうち八割以上だと思う。

後にアメリカ企業で仕事をするようになった時、仕事で「午後の会議までにこの資料に目を通して、会議の冒頭に要点を話してくれない？」と言われて、一〇〇ページもあるような資料が朝一番にドサッ。実際、経営企画や経営コンサルティングではよくある光景だ。

ここでやおら辞書を引っ張り出して一ページ目から読み始めたら、定年退職する頃になってもまだ読み終わらない可能性がある。

また、要点を話すといっても、手ぶらで話すより手元資料を渡したうえで説明するほうが会議参加者の誤解が少ないので、配布資料も用意することになる。

そこでやおら英作文や文法の教科書とか和英辞典とかシソーラスを取り出していたら、輪廻転生《りんねてんしょう》してこの世に戻ってきても、まだ配布資料はでき上がっていないかもしれない。

さて、もらった資料が読めて、配布資料も作れたとしても、会議で要点を整理して説明することと、その後の質疑応答がある。

説明は配布資料を作っている際にリハーサルも行い（このリハーサルはコンサルティング会社では必ずさせられる！）準備することができるが、問題は質疑応答である。質問が聴き取れて内容が的確に理解できないと、答えも的外れになる。

また、答える際にも、的確な表現ができないと質問者への回答になっていないことになってしまう。

話す技術については、日本語でも自分の意見をまとめて他人にわかりやすく説明する技術など教えてもらったこともないのに、「英語でやれ！って」。

ここで慌てて、ロジカル・シンキングの本を買う人が出てくるようだ。

ロジカル・シンキングの本に書かれていることは、高校一年生の現代国語の教科書に丁寧に説明されているが、入試には関係ないので、大体どの高校もここはスキップするようだ。

この経験からわかったこと。「読んでわからない英語」は「聴いてもわからない」。「読んでわからない英語」や「聴いてもわからない英語」は自分では使えない。つまり、自分で書けないいし、話せない。

つまり、「読む」能力が英語力の基本。

本題に戻ると、「使える英語」とは「読む」「書く」「聴く」「話す」の順番にバランスが取れていることが重要だと思う。

繰り返しになるが、「使える英語」とは、と考えるのは、留学生だろうか。

留学すると、クラスの最初の時間にシラバスで一学期間の予定が知らされる。

一番大変なのは、だいたい次回のクラスまでに読んでこなくてはならない大量の文献。

文系のクラスだと、指定された本を丸々一冊、あるいは数冊読んでおかないと授業についていけなくなる。

理系でも論文をいくつか指定されて、次回のクラスまでに読んで理解しなくてはならない（もちろん数式や図表も理解することが期待されている）。そして、毎回宿題が出て、期限までにレポートや回答を数ページにまとめて提出する。

ここでも、「読む」と「書く」が必須であることがわかると思う。

また、クラスでのディスカッションなどに積極的に参加しないと「クラスへの貢献がなかった」ということで成績に響いてくる。事前に指定された大量の文献・論文を読んで理解することが必須。

教官によって、加点方式の人と、減点方式の人がいるが、例えば、加点方式の教官のクラスの場合、発言ゼロだとクラス貢献度がゼロ、試験の成績が良くても最後の成績でBとかCという成績になる。(10) 減点方式の教官であっても、議論の正否より発言の回数をカウントすることが多い。

したがって、クラスで何が議論されているか「聴く」耳を立てて、タイミングよく、自分の意見を他人にわかるように「話す」能力が必要になる。

(10) 通常一学期中に二つ以上Cの成績の教科があると、アメリカの大学では退学させられる。

海外で仕事をしている人だったら経験していると思うが、拙《つたな》い英語でボソボソと発言していると、こちらが意見を述べ終わっていないのに、割り込んで発言を始める輩が出てくる。その際に、大抵の日本人は黙ってしまう。そして、会議・ミーティングが終わってから、ゴソゴソ自説を開陳《かいちん》する。そして、自分の意見が通らなかったと文句を言うか、自己嫌悪に陥るかのいずれかが起こる。

私もアメリカに移ってしばらくの間はこのような輩に悩まされた。そのうち、「俺は、今途中までしか話してないから、終わってから発言して？」と言うようになり、かなりマシになった。

それでも割り込んでくるアメリカ人の同僚がいたら、「俺の意見を聞きたくないのなら、この会議に俺が出席しても意味がないということだね！」と言って机をドンと叩いて、席を蹴って会議室から出ていくなどのパフォーマンスを始めた。これは効き目があって、「ヒロカワが発言中は最後まで聴け！」というルールができた。

つまり、会議の場でも「読む」「書く」「聴く」「話す」能力が、この順番で必要になる。

ホテルやスーパーマーケットなどはコンタクトレスで英語を話す必要がない一方、「話す」能力が世間でよく議論になっていた「英語で買い物もできない」ような日本の学校で教えられているような学校英語はどうか？

最近は、ホテルやスーパーマーケットもコンタクトレスになり、言葉を交わさなくてもチェックインができたり、買い物ができるようになったので、いわゆる旅行どころか駐在員生活でも現地の言葉を話さなくても済むようになった。

特に、ＣＯＶＩＤ－19をキッカケにさらに会話が不要になった。

そうは言っても、現地語あるいは英語は必要だ。普通では考えられないような事態が起こった時に、苦情を言う場合などである。

こんな時には、スマホは役に立たない。スマホを使うならチャットだし、その場合、高速で英作文できなくてはならない。

ホテルのフロントに電話をかけて、部屋を替えてほしいとかサービスが遅いとか部屋が汚いとか、買い物だと商品が汚れているとか破損しているとか。こういう時は、大体喧嘩腰になる必要がある。

つまり、少なくとも英語で喧嘩ができるくらいにはなっておく必要がある。これに関しては、元東京大学総長の蓮實重彦《はすみしげひこ》氏の意見が面白い。著書『フランス語の余白に』（朝日出版社）というフランス語の教科書の「はしがき」から引用する。

この教科書のとりあえずの目的は、適当に単位がとれれば充分である人びとにとって、フランス語とのさして遠からぬ時期に起るだろう訣別を曖昧なものとせず、自分とは無縁のものと断じ、心おきなくそれから遠ざかりうるための直接の契機となることである。但し、フランス語から遠ざかるのであれば、せめて、英語で外国人との派手な喧嘩を演じる程度の学力だけは、各自、手に入れておいていただきたい。われわれが外国語を学ぶ唯一の目的は、日本語を母国語とはしていない人びとと喧嘩することである。大学生たるもの、国際親善などという美辞麗句に、間違ってもだまされてはならぬ。

現地の人たちは、喧嘩腰のやり取りの際には、いわゆる「汚い言葉」を使う。とてもじゃないが、文科省の検定教科書では使えないような罵詈雑言《ばりぞうごん》が使われる。「使える英語」がこのようなものであることは、現地に駐在している日本人であればよくご存知だ。この手の英語表現を網羅している書物としては、川村善樹《かわむらよしき》著『試験に出ない英単語』（講談社）くらいしか思い浮かばない。

森一郎《もりいちろう》先生の『試験にでる英単語』（青春出版社）は入試での頻出表現から作られたが、『試験に出ない英単語』は日常の頻出表現（つまり「役に立つ」表現）を集めている。

この本のカバーには「使わない方がいいけど知らないと、言われていることのほんとうの意味やニュアンスが理解できない単語や言い回し、上品とはいえないが真実味ある普段着の表現の機微を解説する『生きた』日常英会話ガイド」とある。

まさに、喧嘩をする際には、ニュアンスは大事なので、このような表現を理解できないと、誤解の上に誤解が重なり、アメリカでは発砲事件で命を落とさないとも限らない。まさに、「使える英語」を知らないと自分の命も守れない。

■「英語が使えない」教師が「役に立つ英語」を教えられるか？

英語の教育改革の目玉は、英語で教えるということと、英語教師のレベルアップが挙げられる。特に、文科省は、高校の英語教師の七五パーセントが英検準一級を取得することを目標にしている。

二〇二四年に、高校教師の八〇・七パーセントが英検準一級を取得したそうだ。また、高校三年生の五〇・六パーセントが英検準二級を取得したそうだ。

これは、文科省の目標を達成したという意味では喜ばしい。これが本当の実力であれば。


ただ、これはかなり以前から指摘されていたことだが、英検の場合、試験対策が可能であり、「資格を取得したこと」イコール「実力がある」とは言えない。

恥ずかしい話だが、私は大学で英検一級を取ったものの、アメリカに留学した際には、英検一級の「お上品な」英語は使いものにならなかった。それ以降、英検に関しては疑問を持っている。

英検の受験対策をしないで受験したので、受験対策が具体的にどのようなものかを判断できる立場にはないが、英検、TOEICやTOEFLなどは受験対策が可能と言われている。


海外でビジネスをしていると、日本人で英検一級を持っているとかTOEICで高得点を取ったとか、色々な人に出会う。

しかし、英語での会議などでの様子や文書を読んで返事を書くスピードなどは、ビジネスで使えるレベルには達していないことが非常に多い。

英検一級をお持ちの方は、その中でも一般的にレベルは上のような印象を持っている。これは、合格率が一〇パーセントというくらい、高いレベルを要求されているからと思われる。

日本国内では、若いうちからネイティブとの接触を増やし、英語は英語で教えようということが行われているようだ。小学校でのネイティブによる英語のクラスなどはその一環だろう。


このこと自体は悪い取り組みとは思わないが、期待しすぎないことも大事かと思う。外国語指導助手などで日本に来て、クラスの補助員として英語で話して英語指導の補助をしている人たちは、残念ながら英語教授法を身につけているわけでもない。

また、アメリカでは英文法を教えないから、文法などは、アメリカ人全員が知識として持っているわけでもない。アメリカで比較してみると、日本人のほうがはるかに多く英文法の知識は持っている。アメリカ人の文法的な間違いを直してあげることもあるほど、アメリカ人の英文法の知識はお粗末なことがある。

また、「役に立つ英語」が成果を上げたら、次に引用するような経営コンサルタントとして非常に頻繁に目にする光景はなくなるのだろうか。

以下、典型的な日本人駐在員と現地採用社員とのよくあるやり取りの実例を井口俊《いぐちとし》英《ひで》氏の『告白』(文藝春秋)から引用したい。

当時のニューヨーク支店は白人好みであったため、安い報酬で応募に来る白人が教養レベルの極めて低い人に限られざるを得なかったのは無理もない。

ところが日本人の中でも銀行員といえばエリートの集団である。その中からさらに海外勤務に抜擢されるのは、特に優秀な人間であると当時は見なされていた。その人たちが、この女性たちを拙い英話で使っている風景は何とも滑稽であり、悲惨でもあった。

邦人はアメリカ人を頭の中では馬鹿にしていたが、アメリカ人は言葉に出して邦人を馬鹿にしていた。ある日、遅刻をした現地女性に派遣職員(注:駐在員)が、英語で小言をいった。彼女は虫の居所が悪かったのか立ち上がって、「電車が故障して遅れたんだから仕方がないでしょう。どうしろって言うのよ」と喚きたてた。

彼もここで引き下がるわけにゆかないと思ったのだろう。

「だが・・・・いつも・・・そんなことを・・・」。英語が出てこない。

彼女は益々悪態をついて「何よ、言ってみなよ」と凄む。

彼も言いたいことが言えないフラストレーションで顔を真っ赤にして、「それが上司に言うセリフか！」とどなりたかったのだろうが、出てきた英語は意味をなさなかった。

彼は自分でそれが分かって下を向いてしまった。

日本では到底見られないシーンである。


まさに喧嘩腰のやり取りだ。おそらくここで使われていた英語は、日本語でも口にするのが憚《はばか》られるような汚い言葉だろうと推察される。また、件《くだん》の現地採用の従業員は、小さい時から磨き上げてきた喧嘩の技をここで披露したのであろう。


大体、日本人の駐在員は金魚鉢《フィッシュボール》と呼ばれるガラス張りの個室をもらえる。

一方の現地採用の従業員は、パーティションで区切られた二メートルから三メートル四方くらいのキュービクルが与えられる。このシーンだと、おそらくパーティションで区切られたキュービクルの前で、衆人環視の中でやり合ったのだろうと思われる。

同じ頃、多くの日本企業は海外でも高卒を採用して人件費を抑えようとしていた。ここで引用したような場面は色々な場所で見られた。

「役に立つ英語」を推進したい人たちは、日本語でも絶対に使わないような表現に対応するような英語も教えるべきだということだろうか？

ホテルやスーパーマーケットであれば、従業員は慇懃《いんぎん》な言い方（つまり教科書に掲載されているような言い方）をすると思われるが、それでも大体早口になるので聴き取りは大変だ。大体、日本人は聴き損ねる。

非常に残念なことながら、ここに引用したような光景は経営コンサルタントとしては非常に多く遭遇する。(11)

ここで取り上げたケースのバリエーションを含めたら、ほぼ全ての日系企業で、このような日本からの駐在員と、現地採用の従業員との嚙み合わないやり取りの光景が見られると思う。

(11) マッキンゼーに勤務している時に、アメリカ人の同僚と日系企業にインタビューに行ったが、私が日本人と、同僚がアメリカ人と、同じタイミングで別々に面談を行うと、日本からの駐在員と現地採用の従業員とがいがみ合っていることが判明したケースがいくつかある。

アメリカで高卒の場合、アメリカ人でも注意したくなるような英語（つまり「次の英文で文法的な誤りを直せ」という試験に出てくるような文法的な誤りを含んでいたり、不適切な下品な表現を含む英文）を話す人たちが多かった。

大体、日本の高卒に相当するのがアメリカではコミュニティー・カレッジ卒あるいはランキングが下位の州立大学卒。日本の大卒に相当するのがアメリカでは大学院卒と考えて間違いないと思う。

残念ながらこのような「役に立つ」表現は私も学校では教わらなかったので、私は耳にする度にノートに書き付けておいて、あとになって同僚たちに意味を聞いた。同僚たちは私のこの行動を呆れて見ていた。

日本の文科省が「役に立つ英語」を学校で教えるようにしてくれて、日本企業の海外事業が抱えるコミュニケーションの問題が解決されるようになることを祈っている。

「学校で教える英語は役に立たない」と言われているが、皮肉なことにその「役に立たない英語」で勉強した人たちがアメリカで駐在員として活躍している。

「役に立たない英語」を自覚し、実践で実力を伸ばしたのだ。そのための基礎としては「役に立たない英語」で十分だ。

一方、「役に立つ英語」で勉強してきた人たちのほうが実際には役に立たない。最近の日本人は文章・本が読めない、まとまった文書を書けないなど「読み」「書き」のレベルが非常に低下していることは、アメリカ人の同僚たちから何度も指摘された。

本当に、一九六〇年代の学校英語は役に立たなかったのか、「役に立つ英語」が本当に役に立っているのか、昔に比較して改善が見られるのか、一度検証したほうがよいと思う。

立教大学名誉教授で同時通訳者の鳥飼玖美子《とりかいくみこ》氏の『英語教育の危機』（筑摩書房）には、学習指導要領などを含め非常に詳細に問題点と解決案が提示されている。ご興味のある方は一読をお勧めする。

また同じ著者の別の書物、『本物の英語力』（講談社）および『「英語公用語」は何が問題か』（角川書店）も非常に示唆に富んでいる。

鳥飼玖美子氏は、私が高校生の頃、同時通訳者として活躍しておられ、英語の実力としては、我々の年代では「ここまで英語を使えるようになりたい」と目標にした人である。

もちろん、私とほぼ同じ学習指導要領に準拠した教科書で英語を学ばれている。この問題を議論できる数少ない日本人だと思う。

当時、私は一九六〇年代の古い学習指導要領に準拠した学校英語で英語を学んだもののの、英検二級は高校一年生の時に、また英検一級は大学入学直後に取得できた。その当時からすると、「役に立つ英語」で勉強している高校生には、英検合格はさらに楽勝なはずであろう。

▩大学の英文科でついていけない新入生のための英語の補習！

本稿を書くためにウェブで調べていたら、驚くべき情報を発見してしまった。

鹿児島大学の英文科では、同学部への新入生に対して英語の補習を行って、「英文科で必要な英語のレベル」まで英語力をアップするような取り組みをしている。

文科省の学習指導要領が改定されて、学力が上昇しているのかというと、どうもそうではなさそうだ。特に驚いているのは、英語のプロを育成する英文科に入学してくる学生の英語のレベルが、英文科で入学時に必要とされるレベルに到達していないということだ。

まあ、英文科も学生を取らないとお取り潰しになる危険性があるので、仕方なく合格させているという側面もあるのだろうと思うが。

■海外で通用する英語は、原仙作の「英文解釈」、学校「英文法」、チャート式「英作文」で十分です

じゃあ、お前はどうやって英語を勉強したのかという質問は、まさにごもっとも。前にも書いた通り、私が使ったのは一九六〇年代の学習指導要領に準拠した検定教科書だけ。

後は、高校が配布してくれた資料。高校が配布してくれた資料は、英語科の教師たちが作った多読のための冊子と、いわゆる名文を集めた英文解釈のための問題集。この問題集の英文は「英文解釈」の参考書（例えば、原仙作『英文標準問題精講』（旺文社））などに頻出の英文。

これで一生懸命勉強したものの、受験したら見事に浪人。

予備校通いしている時は、英語の雑誌を紀伊國屋書店、銀座にあった英語専門のイエナ書店、丸善などで購入して読んでいた。まともな受験勉強といえば英作文くらい。

予備校の教科書は「仕方なく」勉強したが、面白くなかったので、雑誌ばかり読み耽った。雑誌といっても、テニス雑誌、鉄道模型、男性誌などである。

その後社会人になり、転職して、英語で仕事をするようになってから、まともな英語を読むとか書くことが求められたので、高校時代に使った参考書である原仙作『英文標準問題精講』、杉山忠一『英文法の完全研究』(学習研究社)、鈴木進『チャート式英作文』(数研出版)などを手元に置いていた。

その後、アメリカで仕事をするようになってから、アメリカ人が文書必携として座右に置いている『エレメンツ・オブ・スタイル』を参照するようになった。

アメリカで驚いたのは、日本で古いとされる英文、例えば『英文標準問題精講』などで取り上げられるような文の書き方が正式な英文だという評価。

アメリカ人の講演などでは、確かにこのようなスタイルが多い。企業で出世したいのなら、このような英文を書けなくてはならない。

これは一生かかってでも少しずつ学んでいかなくてはならないと思うし、今の日本の「使える英語」はアメリカの趨勢《すうせい》には逆行している。

もっとも、何が正しい英語かということになると、日本ではどうもアメリカで使われている英語はハチャメチャ英語だと理解されているようだ。実際には、ハチャメチャ英語は、教養あるアメリカ人なら「正しい英語」に訂正してくれるが。

家族を連れて、日本に戻ろうと思った時（一九九七年頃）、海外子女教育振興財団に相談に行った。文部省（現・文科省）から出向している方が対応してくれた。

まず、開口一番、アメリカの英語教育はまるでダメで、日本の教育過程で正しい英語を勉強して、アメリカ英語を忘れさせないといけないのだそうだ。そうしないと日本の大学には進学できない、のだそうな。

上の子は、アメリカの小学校では英語（つまり国語）の成績はクラスで上位だったので、どのようにこの英語の能力を維持させたらよいかと相談したかったのに、最初からこの調子だと、まず子どもの頭の中を空にして、日本の教育過程（丁度「ゆとり教育」が始まった頃）で置き換えなさいと言われる、と予測した。

この時思ったのは、子どもは英語しかできないから、日本の小学校で日本語の授業を聞いてもクラスの中でポカーンとしている「お客さん」になってしまって、一日中クラスに出席していても何も覚えないだろうということだ。

「補習校には通わせていないのですか？」とか、まるで補習校に通わせていないのは犯罪で、私ができ損ないの親だと言わんばかりの言葉に非常に反発した記憶がある。口論になりそうなところをグッと堪《こら》えて帰った。

この時に、子どもはインターナショナル・スクールに行かせるべきだと決めた。

実際に、子どもをインターナショナル・スクールに入学させてみると、インターナショナル・スクールは残念ながらそれなりに多くの問題を抱えていた。子どもをバイリンガルにしたいという日本人の親御さんが入学させていた子弟がたくさん在校していた。

バイリンガルで、将来は海外の大学に進学させたいという日本人の親御さんの期待は、実際には裏切られることが多い。インターナショナル・スクールには、ここには書ききれないほどの問題含みなのだ。

まとめ

欧米で「役に立つ英語」を実際に使ったことがない先生が「役に立つ英語」を教えられるのか？　読んでわからない英語は聴いてもわからない。わからない英語は書けない、話せない。「役に立つ英語」の基礎は、本当は読む英語のはず。

まだ僅差の世界四位——今なら間に合う

元々日本では、蓄財がビジネスの基本。ところが、GDPで評価されると、保有している金融資産は評価されない。前述した通り、これは企業を売上だけで評価していることに相当する。

実際には、売上だけでなく、預金などの金融資産などバランスシートも見て、企業を評価するのが普通だ。

例えば、日本はゼロ金利でアメリカは五パーセントの金利だったとする。その際に、預金を持っていたら、円をドルに換えて、ドルの預金にしたほうが金利分は稼げるはずだ。日本の円と他国の通貨との交換比率が問題にされるが、これを決めるのはGDPではなく、金利など国が保有する金融資産だ。

世界四位など気にしてはいけない。それよりも、金融資産がある間に経済を立て直してしまうほうが先決だ。

■日本は元々すごい国

日本人は、自分自身を控えめに評価することを美徳としている。世界で自分がどのように評価され、どのように見られているのかを知ることは、世界を相手に活動する際には重要だ。知日派の知識やステレオタイプの日本に対する認識だけではないのだ。日本は、世界史の中でも多くの貢献をしているが、正当には評価されていないのだ。

クロード・レヴィ＝ストロースというフランスの文化人類学者がいる。構造主義哲学で日本の哲学者や思想家に大きな影響を与えた人物だ。

彼の日本をテーマにした文章を集めた著書『月の裏側――日本文化への視点』（中央公論新社）には、日本の良いところが列挙されている。

レヴィ＝ストロースのような大人物に日本をこのように顕揚されると、面映い気持ちが先立ってしまうが、冷静になって考えても、日本は世界の中でユニークな独自文化を持っていることがわかる。

日本の文化は、芸者《ゲイシャ》・富士山《フジヤマ》・腹切《ハラキリ》（武士道《ブシドー》）のようなステレオタイプではないのだ。

『月の裏側』の中で例として挙げられているが、中国語の表意文字からひらがな・カタカナのような表音文字を創作し、そして一般庶民でも書物を読めるようにしたことは、日本文化を進化させるうえで非常に効果があったと評価されている。

このような文字が浸透していなかったら、古今集のような勅撰集に日本の庶民の和歌が載るなどということはなかった。普通の人が詩文を作り、それが撰集に取り上げられるなどということは、欧米でも中国でも見られない。

日本では庶民の識字率が高く、高度な文化が庶民にまで浸透していたという例だろう。

文学の世界でも和歌や俳諧などで、日本人特有の感性が表現されている。

例えば、虫の声を聞いて、日本人は騒音とは思わずに季節を感じたり、「岩に染み入る蟬の声」のように静かさを感じる。

古池に飛び込む蛙の音を聞いて、日本人は静寂を感じていると書いたのは、大正時代に日本駐在だったフランスの外交官・文学者だったポール・クローデルだが、これ

押して切るか、引いて切るか

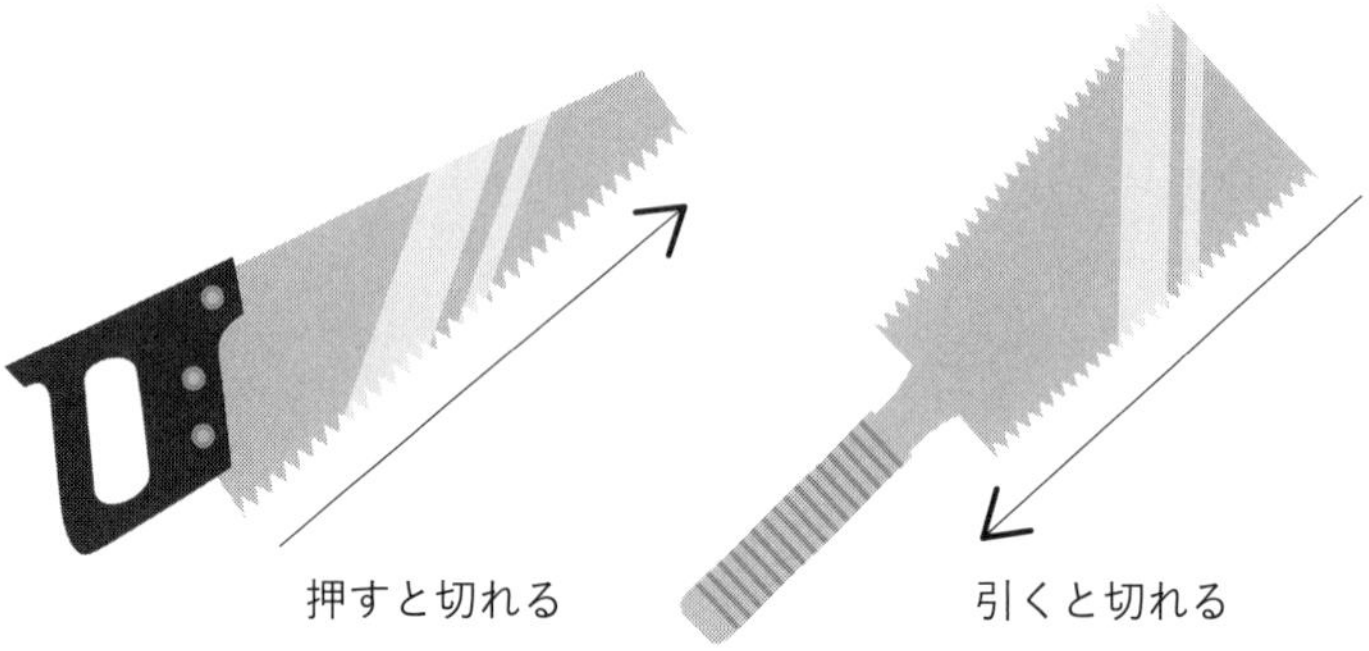

もアジアの他の国や欧米人にはない感性だろう。

これもレヴィ＝ストロースの著書『月の裏側』に書かれているが、ノコギリで木を切る際に、ノコギリを手前に引いた時に切るのは日本だけ。他国（アジアの国も含め）は、向こうに押す時に切れる。

ちょっと考えてみると、どこを切っているか見ようと思えば、引く時に切れるほうが切っている部分が見えるのでわかりやすい。

木を正確に切るための日本人の知恵だろう。

一説によると、欧米では刀（剣）の使い方はフェンシングのように突くのが基本で、一方日本の刀は手前に引きつつ切る。これが他の刃物で切る場合にも適用されているのだそうだ。個人的な経験だが、魚を包丁で切る時に、押しながら切っているアメリカ人を見たことがある。日本人の常識では手前に引きながら切るのだと思う。

和食も日本独自で、牛蒡《ごぼう》とか他国では雑草として扱われるキノコ以外の山菜を食べる習慣は、東アジアを除くアジアの他国にも欧米にもない。

笑えない余談だが、第二次世界大戦中に捕虜収容所で牛蒡を煮た料理を出したところ、欧米の捕虜たちは、「日本は木の根っこを煮た料理を捕虜たちに食べさせた」「これは捕虜に対する虐待だ」というわけで、日本の担当将校が木の根を無理やり食べさせたという捕虜虐待で死刑になったとか。

話の真偽は知らないが、これが真実であれば異文化を理解していないことによる悲劇だ。

本題に戻すと、和食について言えば、素材を活かす技術（刺身など）は、アメリカだけでなく、アジアやヨーロッパで非常に高い評価を受けている。ただ、生の魚を切って、生のまま提供して高い値段をチャージしている高マージンのビジネスをしているわけではないのだ。

和食は高マージンだと誤解して、和食レストランをアメリカで開業する非日本人《ノンジャパニーズ》が多いが、この誤解は解く必要があると考えている。

■一〇世紀に五四帖の超大作を書いた女性作家を輩出した国は日本だけ

日本では女性が活躍する場が少ないということは、私もよく耳にするし、アメリカ人から「それ本当?」とよく聞かれる。

その際に、そのようなことを私に言ってくるアメリカ人には、紫式部の『源氏物語』を手元のスマホでグーグルさせることにしている。また、時間がある時は、清少納言なども見てもらう。

アメリカに一〇世紀から今までにこれだけの長編小説を書いた女流作家がいたのなら教えてほしいし、日本では女性が活躍する場が限られているというなら、『源氏物語』を読んでみてからにしてほしい。

特に、最後の「宇治十帖」では、自分の運命を自分で決めるということをした若い女性（浮舟）が描かれている。現代でも難しい問題を一〇世紀の日本の女性は考えていたのだぞ、と言うと、まずアメリカ人は黙ってしまう。

「おい、悔しかったら反論してみろよ」と煽ってみると、大体引き下がる。

そもそも日本に関してはステレオ・タイプなイメージ（芸者・富士山・腹切）しか持たないアメリカ人など相手にしてみても仕方がないとは思うものの、アメリカ人から言われっぱなしというのも情けないと思うのである。

■メイフラワー号の七年前に日本人が北米大陸に到達していた

「アメリカは歴史の浅い国である」というのが日本では定説になっている。

アメリカの歴史は、コロンブスが一四九二年にアメリカ大陸を発見したところから始まるとされている。一五九二年は豊臣秀吉が朝鮮に出兵した年だから、確かに日本の江戸時代プラス一〇〇年程度の歴史しかないように見える。

しかし、アジアでのスペイン・ポルトガルなどの活動からアメリカを見ると、違うアメリカが見えてくる。

大坂冬の陣が起こったのが一六一四年。その一年前の一六一三年にアメリカ西海岸に立った日本人がいることは、日本では知られていないようだ。

高校の日本史に出てくる人物・支倉常長《はせくらつねなが》である。

支倉常長は慶長遣欧使節としてサン・ファン・バウティスタ号で太平洋を渡りメキシコ経由でスペインに渡り、スペインからローマに向かった。太平洋を渡り、最初に上陸したところは、今でいうバハ・カリフォルニアだ。今はメキシコの一部だが、当時は今のアメリカのカリフォルニア州を含め、全てメキシコ領だった。

メイフラワー号がアメリカに到達したのが一六二〇年。マンハッタン島にオランダ人が入植したのも一六二五年。

なんと、メイフラワー号の七年前に日本人がアメリカ西海岸に到達していたのだ。

カリフォルニアがアメリカ合衆国に併合されたのが一八四八年。今から遡ること一七七年前だ。

支倉常長たちが一六一三年にカリフォルニアに日本の国旗を立てて、この地は日本のものだと主張できれば、日本の歴史は大幅に変わったと思う。マンハッタン島が二四ドルで買えたのだから、日本もそれくらいは出せたと思うが、いかがであろう。

後のゴールド・ラッシュで元は取れたと思うが。

太平洋を渡るのに使ったサン・ファン・バウティスタ号は石巻の船大工が作ったもの。その当時に設計はともかく、太平洋を渡れるくらいの帆船の造船技術はあったのだろう。

繰り返しになるが、アメリカに関しては、歴史の浅い国という評価がなされることが多い。確かに、その通りだ。

しかし、日本人にとってアメリカの歴史がピューリタンから始まり、東海岸から西へ膨張していくという歴史を学ぶのが適切なのだろうか。

アメリカ史を西海岸から書き起こしてみると、一八四八年に併合されるまでの、メキシコ領とかスペイン領の二五〇年余りの歴史からスタートすることになる。この初期の頃、日本にはスペインやポルトガルの宣教師たちが来ていたのではないか。

戦国時代の後期に当たる一六世紀中頃の南蛮文化の頃、堺の商人はメキシコで商売をしていたらしい。南蛮貿易で堺の商人の目が南方のアジア（タイ）だけでなく、東方の北米にも向いていたという。

戦国時代の日本人が、意外とグローバルな視点を持っていたということを学べるのではないか。

なお、スタンフォード大学のキャンパスの前の道は、エル・カミノ・レアル（国王の道）と名付けられている。この道はサンフランシスコからメキシコ・シティーまでつながっている。

なぜ「国王の道」なのかは、西海岸のスペイン領の頃の歴史を辿ると明確にわかる。

スペインは東方をイエズス会の修道士に、西方をフランシスコ会の修道士に布教を担わせた。フランシスコ会の修道士はメキシコ・シティーから北上し、途中の原住民のキリスト教への改宗を進めた。

この布教活動の最終地点を聖フランシスコ（サンフランシスコ）と名付け、サンフランシスコに至る道を「国王の道」と名付けたのだ。

この頃、スペインは、フィリピンのマニラからメキシコのアカプルコまで太平洋の定期航路を持っていた。太平洋の暖流に乗って航海するので、暖流と共に日本の沖合を通過する。当時の航海技術だから、ちょっとズレて対馬海峡のほうに行くことがあっただろう。すると、船が天草や平戸などに到達してもおかしくはない。

そうやって、スペインやポルトガルの宣教師たちが日本に来たのかもしれないし、日本人にも海外に目を向ける契機になったのかもしれない。

そのようにして、ちょっと寄って、堺の商人を拾って太平洋を渡ったとしてもおかしくはないはず。

江戸の初期にタイに日本人町を作ったといわれる山田長政《やまだながまさ》がタイで活躍していた同じ頃、太平洋を渡って、メキシコで商売を始めた堺の商人がいたことは、その当時、日本人の目が世界に開いていたことの証左とも思えて興味深い。

カリフォルニアが出てきたので、余談になるが、カリフォルニア・ワインを作ったのは日本人だということをご存知だろうか。

薩摩藩士・長澤鼎《ながさわかなえ》がカリフォルニア・ワインを育て上げた人だ。

長澤は、薩英戦争後にイギリスに留学。その後、アメリカで教育を受けたが、アメリカで教育を受けた教師の農場でワインの醸造を始め、ワイン王としてワイン園を拡張した。一八八二年には、二二七万リットルのワインを醸造していたらしい。

残念ながら、第二次世界大戦で日本がアメリカの敵対国だったため、長澤鼎はカリフォルニアでの名誉を剝奪されてしまったので、知る人ぞ知る人物になってしまった。
日本人は意外なところで大活躍しているのだ。サンタ・ローザ市にあったワイン園の跡地は、今は、長澤の名前を冠した記念公園になっているらしい。

アメリカの（検定教科書的な）歴史では、清教徒《ピューリタン》が大きな役割を果たす。要は、ルターやカルビンが始めた新教《プロテスタント》がアメリカの建国以降、影響力を持っている。

それがデメリットとして出ているのが、宗教の影響だ。ヨーロッパが宗教（つまり教会）の影響を政治（世俗の権力）から排除しようとしているのに反し、アメリカは宗教（特にキリスト教）の影響が非常に強い。

例えば、大統領就任式だけでなく宣誓では聖書に手を置かなくてはならない。それだけでなく、アメリカの学校では生物を教えない先生や町がある。生物の教科の中で、進化論を扱わなくてはならないからだ。

人間は神様が作った、と聖書に書かれている。聖書には、人間は霊長類から進化したとは書かれていない。進化論を教えることは宗教的に邪説を公立校で教えたというワケで、プロテスタントの原告から裁判所に訴えられた生物の教師は何人もいるらしい。

有名なのは二十世紀初頭のモンキートライアル。裁判が行われたのはテネシー州という南部の州の、プロテスタントが主流派を占めている町で、進化論を教えたということで、その高校教師が裁判所に訴えられた。原告側の弁護士は、元大統領候補。被告（つまり高校教師）側の弁護士は全米でも辣腕として知られた弁護士。全米で有名になった裁判だ。判決は、高校教師には有罪判決が下された。

メキシコの話が出たので余談。GEの幹部研修ではメキシコで四週間の研修を受けた。全体のテーマは、GEが海外進出すると想定、メキシコをターゲット市場だと想定して、GEの市場戦略をゼネラル・マネージャーの立場で立案せよというもの。

全体の主任講師はハーバード・ビジネス・スクール（当時）のラム・チャランで、四週間後にはGEの幹部にレポート提出およびプレゼンテーション。

この研修は、毎回研修後にできが悪くてクビになる幹部の参加者が出るので、参加者はメキシコ観光などといって手を抜くわけにはいかない。実際、幹部三名が研修後にGEを去った。

この三人の、メキシコに関するステレオタイプな知識（メキシコの労働者の知的レベルは低く、労働集約型のビジネスしか成功しないという先入観）が邪魔になったことが印象に残っている。アメリカ企業の世界戦略で足枷《あしかせ》になると思った。

「アメリカが世界一で何をやっても構わない」という認識では、事実、本書冒頭で記した航空機器大手企業ハネウェル買収の際のヨーロッパの反応（つまりGEによる買収を競争を阻害するということでブロックしたこと）は予期できたと（外野の立場からは）思えた。

本題に戻すと、アメリカの歴史の教科書の記述だけでは日本人の活躍やアメリカ国内の課題（進化論を教えられないという後進性）などは、アメリカ人だけでなく日本人も知らない。

■日本の大企業は閉塞感の中で創業

今日本を代表する企業と言えば、どういう会社の名前が浮かぶだろうか。財閥系なら、三井、三菱、住友、それから、非財閥系の伊藤忠、丸紅などか？

あるいはパナソニック、トヨタ、ホンダ、ソニーかもしれない。

これらの企業は、景気が好調な時に起業したのではなく、日本が閉塞感で苦しんでいる頃に創業している。

例えば、財閥系であれば三井や住友の創業は江戸初期。元禄時代のバブル経済が始まる前の頃で、幕府の財政も各藩の財政も苦しい時期だ。

日本史の授業などで「〇〇の改革」というのが江戸時代に何度もあったことを覚えている読者もおられるかもしれない。幕府の財政が苦しかったから、改革が必要だったわけだ。財政立て直しのため、特産品を奨励したのもその頃だ。

いわゆる地方の老舗《しにせ》に江戸時代創業というところをよく見かけるが、これは幕府や各藩の特産品奨励策がキッカケで創業したものだ。特に江戸初期では、京都で銅細工で創業した泉屋（のちの住友）や鴻池の酒醸造が挙げられる。

泉屋は銅細工で創業し、後に別子（現在の愛媛県新居浜市南郊）の銅山の発見を契機に事業規模を拡大。事業がさらに大きくなり、大坂で両替商を始めたのが創業のキッカケ。

鴻池は伊丹（現在の兵庫県伊丹市）で酒醸造・蔵元だったが、江戸で酒のニーズが高まっていることに着目。醸造した酒を樽詰めにし、江戸まで酒の樽詰めを船で運び利益を出した。後に、海運業を始め米の海運で儲け、さらに米を貨幣と交換する両替商を始め、大阪の東の郊外に鴻池新田などを造成して蓄財。三和銀行（現三菱ＵＦＪ銀行）

の基礎を作る。

三井は、江戸室町に呉服屋を開き、江戸に住んでいる武家を相手に呉服の現金商売を始める。この様子は『日本永代蔵』に詳しい。

この時期、武家は自分の領内で穫れる米を年貢として取っていたものの、貨幣経済になると、米と品物との物々交換というわけにはいかず現金取引になり、両替商に米と貨幣の交換を依存した。

ここで、住友、三井、三和など将来の銀行の基礎ができた。

伊藤忠とか丸紅のような近江《おうみ》商人から派生した商社は、織田信長が安土城を築いて、京都の商人たちを近江（現在の滋賀県）に呼び寄せたところから始まる。

その後、近江商人は安土をベースに商圏を拡大。江戸末期に、大坂に呉服商として進出。ここで、各地の呉服を大坂で捌くことを始めたのがキッカケ。

近江商人の「ノコギリ商い」（出先に行く時も、出先から帰る時も、手ぶらではなく商品を運搬）は『日本永代蔵』に詳しいが、彼らは元々行商人だったので、各地の状況はよくわかっていた。

呉服も、各地の商人が大坂に買付けに来ていたが、近江商人は、地方に行く時は大坂から呉服、帰りは地方で生糸などを仕入れて、手ぶらでは帰らない。ここにも近江商人の才覚が現れている。

三菱の基礎を作った岩崎弥太郎《いわさきやたろう》は、明治政府の長崎造船所などの工場の、無償に近い金額での払い下げに目をつけた。そこで、明治政府の国策（殖産興業）を支援しながら力をつけていった。

日本を代表する自動車・家電メーカーは主に戦中・戦後に伸びてきた。

パナソニックは、松下幸之助《まつしたこうのすけ》が電球を取り付けるソケットに電源コンセントを付加した二股ソケットに目をつけたところから始まる。電灯線の電球の傍から電気を取れるようにしたら、コンセントが一つ増えて、もう一つ電化製品が使える。これで電化製品が売れるようになる。

ホンダは、自動二輪で、元々売り物にする予定もなかったスーパーカブを売ってほしいというアメリカ人のリクエストに応える形で業績を伸ばした。ここでは本田宗一郎《ほんだそういちろう》より、本田宗一郎の経営参謀の藤沢武夫《ふじさわたけお》の才覚が光る。

スーパーカブは、ホンダの自社従業員の販売店の間の移動の便を考えてアメリカに持ち込んだもので、売る計画はもともとなかった。アメリカの自動二輪の市場はハーレー・ダビッドソンのようなバイクの市場だという理解で、スーパーカブは市場性がないと想定していた。

ところが、欲しいと言うユーザーが現れた。ここが藤沢武夫の素晴らしいところで、普通の日本企業なら、これは売り物ではありませんと言って見向きもしないところだが、これはいけるかもしれないと読んで、市場投入を決めたことだ。

その結果、ここにニッチマーケットがあることがわかりホンダは一躍、小型自動二輪のアメリカ市場を制覇することになる。

トヨタ自動車は、豊田佐吉《とよださきち》が創業した豊田自動織機《とよたじどうしょっき》内の自動車部が一九三三年に設立したのが起源だ。

その自動車部だったトヨタは、戦後、日本政府が海外の自動車メーカーと国内自動車メーカー（代表的なのは、日野自動車やいすゞ自動車）との提携を進める中で、提携を模索したかったにもかかわらず、政府が許可しなかったのでやむを得ず独自路線を取って、製造部門の合理化を進めた。

欧米製品と競合するうえでの自動車の品質向上を目指した。

当初日本に紹介された時は、品質管理手法だったプラン・ドゥー・チェック（PDC）のサイクルをさらに進めて、PDCサイクル自身を改善して次のサイクルではさらに進化したPDCサイクルを回すというPDCAという経営手法や、製品ラインでの合理化手法であるカンバン方式などのトヨタ生産システムなど、独自の経営ツールで世界の自動車メーカーでは他社の追随を許さぬ競争力をつけた。

さらに一九八〇年代の日米貿易摩擦の際には、米国ケンタッキー州での現地生産に乗り出すなど、日本だけでなく海外でも独自技術で能力を向上させてきた。

日米での市場ニーズを先取りし、ユーザーに受ける自動車を開発し、経営でのPDCAでユーザーニーズや市場規模の変化を巧みに読み取り、自動車業界で世界のトップ企業に上り詰めた。

自動車に限らず世界中のメーカーがトヨタの生産方式を学び、世界のお手本企業と言われるまでに成長した。

ソニーは、創業初期には半導体技術で電化製品の小型化ニーズを先取りし、トランジスタ・ラジオやウォークマンなどの製品でヒットを飛ばすだけでなく、音響製品やテレビなどで時代を先取りする製品を高品質で提供することで、世界のトップに上り詰めた。

ソニーを飛躍させたのはトランジスタ・ラジオだ。当時信頼性がないから日本政府からはやめておけと言われたにもかかわらず、開発を進め、真空管式の持ち運べないほど大きかったラジオをトランジスタ技術で小型化し、どこでもラジオ番組を聞けるという画期的な製品をソニーの自社名で売り出した。

これで電化製品の小型化とソニーの名前を普及させた。

社史を繙くと、パナソニック、ホンダ、トヨタ、ソニーなど日本を代表する企業は、海外市場の売上を上げることに注力することが日本での売上増につながると信じていた。

ガラケー・メーカーなどは真逆で、日本での売上や日本市場で商品の完成度を高めて、余力があったら海外に進出するというパターンを選択した。

■三井、住友、鴻池（三和）、伊藤忠、丸紅は鎖国時代に創業。今や世界を股にかける企業

前にも述べた通り、日本企業の多くは江戸時代、それも日本が鎖国している時期に創業している。それが今や、世界中に拠点を持ち、世界でもトップ企業になっている。海外では業界ごとに専門商社があるが、なんでも扱うような総合商社は日本にしかない業態だ。

このような企業を生み出したのも日本人の創造性だと思うし、日本でのニーズを見極め、同じようなニーズを世界の市場でも発見し、そのニーズを満たすようなサービスを作り出したことが基礎にあるのだろう。

パナソニック、ホンダ、ソニーのように日本のメーカーで昭和に創業した企業は、アメリカ（連合国）が日本を占領し、外貨制限があって輸出などで外貨取引が行いにくい不自由な時期に創業している。

特徴的なことは、この三社とも北米市場に果敢に挑戦し、北米市場での成功で企業規模を拡大してきたことだ。家電、自動車、エレクトロニクスはアメリカが本場であるにもかかわらず、成功を収めている。

見習うべきところは多くあると思う。外貨制限で事業が自由に展開できなかったことが、この三社がそれぞれに知恵を絞り、アメリカ（ひいては世界市場）での成功に導いた。

パナソニックの前身の松下電器は、高橋荒太郎《たかはしあらたろう》がアメリカに骨を埋める覚悟で出向き、開拓した。

ホンダは、藤沢武夫という本田宗一郎の右腕がアメリカで自動二輪の市場を開拓した。

ソニーは盛田昭夫《もりたあきお》が自身でアメリカに乗り込み、自社製品を売り込んだ。

三社に共通するのは、日本から遠いアメリカ市場に輸出するという考えではなく、幹部自身が市場に乗り込んでいって市場を肌で感じ、市場開拓を行うという大きなコミットメントをし、それが世界的な企業の基礎になったことである。

■サントリー、グリコ、日清は物資に不自由な時代に創業。お客さんを惹きつける商法で世界的な企業に

サントリーもグリコも、それぞれ輸入ウイスキーや、明治・森永という市場で先行している食品メーカーに対しては後発の食品メーカーながら、商品は現在では世界中

で愛用されている。

サントリーの「山崎」は高品質で美味しいということで世界のウィスキー党には垂涎《すいぜん》の品。またグリコは、私の世代だと「グリコのオマケ」とか「鉄人28号」のコマーシャルの印象が強いのだが、今や世界中でポッキーを置いていない食品店はないと言われるほど普及している。

また日清のカップヌードルは、小腹が空いた時などに発泡スチロールの器にお湯を注ぐだけでフォークで簡単に食べられるということで、若い人を中心に世界中で愛されている。


この三社に共通しているのが、目立ちたがりなこと。

サントリーもグリコも後発だから、まず名前を覚えてもらうことを優先。

サントリーの新聞広告とか「トリスを飲んでハワイに行こう」のような意表を衝くテレビコマーシャルや、サントリーの宣伝部でコピーライターとして活躍した開高健《かいこうたけし》が編集長を務めた『洋酒天国』のような洋酒の啓発書も名文が多かったので、サントリーの知名度を上げることに貢献している。

グリコは、森永や明治など東京発の先行メーカーに対し、巨大広告塔とか「オマケ」とかで自社の製品を目立たせる。

大阪道頓堀の大広告の前で、シンガポールのリー・シェンロン首相夫妻が、片足を上げたグリコのお馴染みのポーズで記念写真を撮影している。シンガポール人などの海外からの旅行者がわざわざ撮影に来るほど有名だ。

日清の場合は、NHKで全国放送になった過激派・連合赤軍による浅間山荘占拠事件で、警官がカップヌードルを食べているところが放映されてしまったような偶然もあったと思うが、錦織圭《にしこりけい》選手など世界で活躍する選手のユニフォームに大きなNISSINのロゴを活用し、世界中で嫌でも目立つ。

この三社に共通するのは、とにかく世界中で目立って名前を覚えてもらうことに注力していることだろう。また、三社とも大阪で創業というのも、目立ちたがりな大阪人気質とマッチしていたのかもしれない。

カリフォルニア工科大学の心理学者の下條信輔《しもじょうしんすけ》教授によると、消費者は見慣れた(聞き慣れた)名前にポジティブに反応するということだから、このように名前を覚えてもらうことは人間の無意識に働きかけて、商品を見かけると手が自然に伸びていくような効果が期待できるのかもしれない。

■『日本永代蔵』は起業ネタの宝庫／鎖国時代の庶民の知恵は起業のヒント

江戸時代に井原西鶴によって著された『日本永代蔵』は、三井、住友（泉屋）、鴻池（三和）などがどうして日本を代表するような大店《おおだな》になったのか、「大福新長者教」という副題が示す通り、お金持ちになるための到福道を上手く描いている。（単純化しすぎかもしれないが）、井原西鶴の言いたいことは「才覚を活かして商売しろ」ということだ。船場《せんば》の商売人の商売の仕方、船場商法が活写されている。

松下幸之助などは、船場の空気を吸って育ったような人だ。

「才覚」とは、広辞苑によると「知力のはたらき。機知。機転」つまり、知恵や工夫を素早く活かすことだ。知恵や工夫があることは大事だが、それを他人より早く活かすことができることも同じくらい大事だ。

『日本永代蔵』の巻一第四話の「昔は掛算今は当座銀」を読むと、日本橋室町の三井がなぜ成功したのか詳細に描かれている。

当時は、その頃の商習慣だった、武家のお屋敷に伺って持ってきた着物を見せて掛け売りを行うという、今でいう外商のような商売ではなく、新しい商売の方法として、店に豊富に商品を並べ現金商売を行うというところが、三井の才覚だというのである。

確かに、現金商売なので取りはぐれは減るし、顧客から見たら目の前にある商品を手に取って、気に入ったらすぐに購入できるというメリットもある。

『日本永代蔵』で取り上げられている成功談は、大体蓄財をして後に両替商（今で言う金融業）になっていくという筋道だ。

江戸時代は、士農工商で武家が一番偉いことになっていたが、貨幣経済が江戸時代に発展してきた。それまでは年貢として収められていた米と商品との物々交換で購買は成り立っていた。

しかし、貨幣経済が発展してくると商品を買うには貨幣が必要になり、領主は農民から納められた年貢米を米のまま手元に置いても、必要なものを買うには貨幣が必要になる。

そのため、両替商に米と貨幣を交換してもらっていた。

江戸は幕府があり政治の中心。一方、豊臣時代から経済の中心だった大坂には各藩の米蔵があったので、大坂に両替商が集まっていた。

大手としては、淀屋、鴻池など。淀屋は大きくなりすぎて幕府に睨まれて取り潰され、今は淀屋橋という地域名としてしか名前が残っていない。たまに、テレビの時代劇で淀屋の名前を聞くことがあるが、大体悪者の高利貸しとして描かれている。

■閉塞感がいっぱいだった明治維新・戦後に創業・成長させた知恵はまだ活かせる。閉塞感など屁のカッパ

明治維新、戦中・戦後に企業を創業し・成長させた日本人がいる。閉塞感満載の時期に「お茶のこさいさい、屁のカッパ」とばかりに、失敗を恐れずに挑戦した結果、大きなビジネスを構築した先人たちが多くいる。

お金も技術も教育も十分な現在。今、ビジネスに好適な条件が揃っているのではないか？

幸い、最近は日本は注目されていないので、さらに人目に付かずに自由に「屁の

カッパ」とできるのではないか?

■幸之助さんは泣いている。松下幸之助の経営の知恵はアメリカやシンガポールが活かしている

「なに古くさい話してるの?」とバカにされそうだが、昔の朝日新聞にこのような松下幸之助の談話が載っていた。

この事業に成功したヒケツは二つある。一つは、お得意の店を大事にすることや。売りつけるだけやのうて、それをどう売って、どう集金して、どうもうけるかまで心配する。嫁入りした自分の娘のようにナ。すると利害を超えた結びつきができるよ。もう一つは、従業員に頭から命令せんことや。ぼくはいつも「どないしたらええか考えてみんか」というねン。そしたら、きっとがんばってくれるで。

この記事は一九五七(昭和三二年)の朝日新聞夕刊(大阪版)に掲載された。私は、この部分を読んで「幸之助さんは、骨の髄まで船場商法が染み込んでいる」と感じた。

もう一つ引用したい。客を大事にすることの大切さだ。これは、花登筐《はなとこばこ》の『どてらい男《やつ》』（KADOKAWA）からの引用だ。

外交（営業）の神様と言われた大石老人が、丁稚として外回りを始めたものの、お客を獲得することに苦労している猛造に説いている場面である。

「（略）客思うてじゃ。これをおマケと言うんじゃ」

「おマケ？」

「そうじゃ。わしが、ここの寿司が安い言うて来てたら、一寸でも高うなったら来んやろ。するとここのおやじは客とるためには、もっと安うせんならんじゃろ。おマケと言うのはの、値段をマケる、つまり安うすることではのうて、いかに一人一人の客に心使いを見せることじゃ」

猛造は、その言葉を聞いて、ようやくわかった。

この老人は、仮にいくら値段を下げても、自分の得意先にはなってくれないというのだ。同じ値段であっても歯の悪い客には柔らかい蛸をと、客を思う心がなければならないというのである。

「わかったかの。そうなったら、得意客は離れん」

「すると、得意をとられるというのは？」

「得意とられるちゅうのは、当り前のこととしとったからじゃ。当り前のこととしとったら、ええ条件で売りに来たら誰でも離れて行く。どんなええ条件で、商売仇が来ても、離れて行かん時に、はじめて自分の得意ができた証拠や」

猛造は、何かで叩かれたような気がした。

一方、このような精神が、最近の日本企業から消えてきているようにみえる。最新のシステムが顧客ごとの利益を算出してくれる。そうすると、儲かる顧客を大事にし、儲からない顧客は切り捨てる。深みにはまらないように、取引だけに集中。商談があった時だけミーティング。

元々、日本企業はお客様は神様と思っていたのではなかったか？

最近は、儲からない顧客は神様とは言うものの、貧乏神とか疫病神と呼ぶようになったらしいが、このような顧客対応で、将来の顧客が寄ってくるようになるのか？

個人的な話になるが、かつてGEに勤務していた時、ウェルチ会長のお供で日本の企業に挨拶に回ったことがある。その際に、取引先からの帰りに車の中で、このいくつかの会社が利益よりGEを信頼してくれたという話を聞かされた。

ウェルチ会長は日本企業の中で博士号を持っている社長が大好きで、かなりの時間を使っていた。GEには関係ないのに、時間を使って、どうやって事業を伸ばしていったらよいかという私見を述べておられた。愛着を持っていることがわかるし、「同じように日本企業と接しなくては」と心を引き締めた。

GEの製品は値段が高いと評判が悪かったものの、得意客が離れなかったのは、ウェルチ会長のこのような努力があったからではないかと思う。


また、GE以降、私は部下には命令ではなく、「どう思う?」を先に聞くようにした。意見を聞いた後「じゃあ、上手くいくか試してみよう!」というように。

上手くいけば、部下も自信がつくし、上手くいかなかったとしても、改善して再挑戦させるようPDCAを回すことを覚えさせる良い機会と捉えた。

「実際にやってみる」ことは、マッキンゼーでもマービン・バウアーが積極的に奨励していたので、アメリカでも受け入れられると思っている。

実際、シンガポールでスタートアップのメンターをやっている時や、シンガポールの組織のアドバイザーをやっている際に、利害を超えた結びつきや、試行錯誤の奨励など、松下幸之助さんの言っておられることが日本以上に実行されている。

一方の日本は、このようなウェットな関係を断ち切るとか、二言目には「業務命令」という言葉をちらつかせ、問答無用でことを運ぼうとすることが気になった。言葉で意図とゴールを説明して部下が納得してくれれば、自分で工夫してやってくれて、ゴールを達成するだけでなく、部下の能力も向上するのに、時間をかけて相手が理解してくれるまで懇切丁寧に説明することを省略して、上司の立場で「命令」しても、部下の能力は上がらない。

幸之助さんは、今頃悲しんでいるのではないか?

＊　＊　＊

ここまでの議論を要約してみよう。つまり、

- アメリカの影響力は、かなり低下している。アメリカだけでなくEUも視野に入れないといけないほどアメリカの影響力は低下している。アメリカを見てグローバル・スタンダードだと考えると、判断を誤る
- アメリカの国債は日本がダントツに引き受けている。アメリカは日本に対し偉そ

うにしているが、日本から借金しないと回らない国

●日本は「失われた一〇年」以降元気がなく、GDPも世界四位と奮わないように思われているが、預金残高や米国債残高からわかるように、金融資産を持っている金持ちの国なのだ。この金融資産をどのように経済活動に導き出すかが知恵の出しどころだ

●元気が出ないのは、自分の生活が豊かになっているという実感がないから。バブル期には、個人消費が増えた。実は今も個人の金融資産が潤沢なのだから、個人がもっと消費したくなるように誘導する必要がある。個人消費が増えれば（別にバブル期のように無駄金を遣えと言うわけではないが）、経済は潤う

世界の中で、中国やアセアンの国々が注目を集めるようになった。

日本は、目立たない国になっている。目立たないからこそ、人の目を気にせず好きなことができる。

日本は国内に多くの課題を抱えている。国外の目を気にせず、国内問題に注力できる大きなチャンスであろう。

シンガポールの一人当たりのGDPは二〇二四年には八九三六九・七二米ドル。日本がこれだけの一人当たりGDPを産出できれば、約一〇兆米ドルのGDPになる。軽く三位に復帰できる。

大きな金融資産を元手に、原資はあるのだから、経済活動で一人当たりのGDPを上げることに知恵を絞ればよい。

第3章

日本はこれから立ち上がる

会社経営への意味合い

経済活動で金融資産の重要性が増していることを示したが、企業も売上とか利益だけでなく、保有している資産からどれだけの利益を上げているかを経営指標としてモニターすべきである。利益は売上から費用（コスト）を引いた数字であるから、二つの数字が必要になる。

一つは、損益計算書。特に、税引後利益が自分の資産に組み込まれるわけであるから、この数字を意識して経営する必要がある。売上だけではなく、コスト削減でも利益は増えるのであるから、経営の自由度は増すはずである。

もう一つの数字は、事業に使える資産の額である。特に、お金を払って原材料を仕入れ、従業員の給料を払い、税金を払っているワケであるから、金融資産は重要だ。

つまり、「事業に使ったお金から、いくらの上がりがあったのか」に注目しようと言うワケである。

■才覚を活かす。「ちょっと考えてみる」習慣を

日本企業で世界的企業になった企業は、創業期に「才覚」を活かしてビジネスを始め、そして事業拡大をしてきた。「才覚」で大事なことは、ユーザーが困っている些細なことに目をつけ、それを知恵を使ってスピード感を持って解決したことである。三井の現金商売、泉屋や鴻池の両替（大名貸し）[12]などは、顧客が困っていることにいち早く着目して成功した例である。

■「ちょっと考えてみて」何か変だなと感じたらビジネスチャンス

世の中には「あれっ？　何か変だな」と感じることが結構多い。例えば病院に診察に行ったとする。待合室で長時間待たされて、自分の番になって診療室に入ったら診察時間は三〇秒だったなどという経験はないだろうか。

そこで「仕方ない」と考えずに「ちょっと考えてみて、二時間も待たされて、診察時間が三〇秒というのは何かおかしいのでは」と気付いたら、ここにビジネスチャンスあり。

(12)大名であれば、潰れたり夜逃げする心配もないと思われていたので、お金に困窮していた大名などにお金を融通する商売が、大坂で起こっていた。大名は借りたお金を藩に送り経費などの支払いに充当した。江戸だと幕府に知られるおそれがあるが、大坂なら大丈夫という判断もあったと言われる。

つまり、二時間も待たずに治療を受けられるようにするにはどうしたらよいか。三〇秒というのは本当に診療時間として適切か？　また、病院に行かずに済ませる方法はないか？　などと考えれば、医療関連で新しいビジネスが立ち上げられるかもしれないし、また病院にとっても無駄を減らせるかもしれない。

いずれにしろ、新しいビジネスチャンスにつながると思われる。

■「あれっ！」があったら、ビジネスにつながる

前述した『どてらい男』に面白い箇所があるので引用する。

主人公の猛造に商売を教えた、いわばメンターの立場の「外交（営業）の神様」と呼ばれた大石老人の話である。

その堀田伊三郎が、大石善兵衛を雇ったから、堀田商店の名前は、それだけで「阿呆かいな」と広まった。

そもそも、堀田伊三郎と大石との出会いが、新町のうどん屋というのも、猛造と大石の出会いと、何やら偶然の暗示めいたものがある。

その出会いの模様は、今や伝説となっているが、仕事を捜す大石が、うどんを食っていると、隣りに座ったのが堀田である。

「・・・」

「どこか、働くとこないですやろかの？」

「ほう、仕事捜しか？　元何してた？」

「兵隊です。その前は、四国の高松でぶらぶらしてまして、これという仕事はしてません」

「何で、こっちへ来たんや」

「これから、機械はようなると思いましての」

「何で、そう思うた？」

「船が古うなったからです」

その一言が堀田の箸をとめさせた。

そして「船が古くなった」から「機械はようなると思いまして」と聞いたら「あれっ！」と思ったのが堀田である。

ここで意味合いを導き出した思考プロセスが語られる。

「大阪で働こうと思いまして、四国から乗った船が大分古うなってましてのう。すると、漁師の小ちゃな船が追い抜いて行きよりましての。癪《しゃく》にさわって、船長室へ文句言いに行きましたんや。金払うて人乗せる船が、魚とる船より何で遅いんや。もっと早う走れ言いましたらな、船長の言うことが、また癪にさわる。漁師が獲る魚は、早う逃げるさかい、船も早う追わんならん。けど、あんたの行く大阪の港は、逃げんとじっと居るて」

他の人間なら、吹き出すところだが、堀田は笑いもせず、「なるほど」とうなずいたそうである。

船の話から、一般論に移るところがすごい。

「ほんで、わしが、何言うとる、港は逃げんでじっとしとるが、世の中の情勢はびっくりするほど早く変わっとるのや。わしがそのために、働き口がとれんかったらどうするんじゃ！　と言うたら、船長、やっと本音吐いて、この船も、そろそろ寿命が来とるのやけど、会社も景気がようのうて、よう新しいの買い入れんのや。新しくなったら、船足も倍になるて言いよりました。さあ、そこです。新しゅうなるだけで、船足が倍になるのかて聞いたら、エンジンが違う。世の中の情勢よりも、どんどんエンジンが新しくされて行くのや。その船長の話聞いて、こら船だけやない、他の機械かてそうやろ思いましてな」

「なるほど」

堀田は大きく、うなずいたそうである。


なるほど、「外交の神様」大石善兵衛は「船が古くなった」ということから、「他の機械かてどんどん新しく改良されていくのや」という意味合いを引き出した。

「あれっ！」がビジネスの意味合いを引き出した好例だと思う。


この大石が、言葉にそむかず堀田商店を大きくしたから、堀田にも目があったと言わねばなるまい。

堀田が、大石を買ったのは、機械のことを言ったからではあるまいか——。

つまり、先見の明である。

この大石の先見が、堀田商店を大きくしたといって良い。

大石の先見は必ず当たった。

「大石の先見」の元になったのが、大石が持っていた「あれっ！」をビジネスにつなげる才覚だ。大石老人の言葉は含蓄があるが、『どてらい男』の中に逸話と共にちりばめられている。

そのいくつかは、本書の中でも紹介しているが、興味のある読者は原著に当たられることをお勧めする。

■企業で大事なことは、成長すること。成長といっても、売上ではなく、利益の成長

企業の社長だけでなく従業員にとって気になるのが、自分の努力が報われて、会社が成長しているか否かだろう。

どこの会社でも、売上は成長の指標として重視するのは当然としても、会社の従業員は全員、売上に関わる部署にいるわけではない。

購買部門とか、製造部門・品質管理部門などは間接的には売上に貢献しているとは言うものの、直接的にはコストセンターだ。そこで重視されるのが、同じ仕事をする

のに、短い時間でできないか？　かけるコストを減らして同じ仕事ができないかということであろう。

そこまで含めて会社の成長ということであれば、売上より、最終利益の成長で企業の業績を判断すべきだろう。特に、税引後の利益は資産に直結するだけに重視すべきだ。

GEでは事業計画を税引後利益で立てていた。利益（厳密には経常利益）とは、売上から経費（コスト）を引いたもので、得られた利益から税金が支払われる。税引後利益とは、利益から税金を支払った残りの金額だ。GEは税引後利益で事業を見ていたため、税務部門による効果的な節税対策でGEの利益に大きな貢献を達成したことがある。

このおかげで、他の企業では経理の一部門で注目されないと思われる税務部門が脚光を浴びて、従業員のモチベーションが上がったことがある。

GEのすごさは、このように地味な部門も巻き込むような仕掛けで従業員全体のやる気を上げるような仕組みを作ったことだ。特に、ウェルチ会長のリーダーとしてのすごさが発揮されたと思う。

■本社をグローバル化——国内・海外と分けずに一つの市場と認識

元々三菱重工に新卒で入社し、マッキンゼーというコンサルティング会社に勤務したものの、日本の事業会社には海外の顧客対応を担当する海外営業があるのが当たり前だと思っていた。

前述したがアメリカのGE本社に赴任して驚いたことは、海外部門がないことである。日本企業では、どの企業でも海外部署があって、海外との取引など日本語以外の外国語でのやり取りが必要な取引は、海外部門が一手に引き受ける仕組みになっている。

例えば、三菱重工には国内部門以外に、海外を担当する部署が各事業部にあった。また、経営コンサルタントとして担当した日本企業も海外担当部署があり、海外からの問い合わせや海外への輸出手続き・納品などを行っていた。

一方、GEにはGEインターナショナルという組織はあるが、事業部門というよりは、どちらかと言うと管理部門を集めてある部門で、法務・財務・税務などを一括管理し、また節税対策などを練る部門であった。

三菱重工の建設機械部門がキャタピラーに売却されたため、GEに勤める前にキャタピラージャパンにも勤務したが、ここもスイスに本部を置くインターナショナルという海外部門があったものの、海外の管理部門の統括と海外法人の統括を行う会社であって、海外事業を行う部門ではなかった。

両社とも、実務は、国内・海外を問わず本国の（つまりアメリカの）事業部で行われていた。

どちらかと言うと、アメリカ国外・国内を問わず顧客別に担当が決まっていて、顧客の拠点が日本に本社がある場合は担当者が日本の顧客を訪問し、一方アメリカの外の外国企業は、イギリスやオランダの地域統括本部に地域拠点がある場合は事業部の担当者が各拠点に出向いていた。各拠点をベースに、世界中で同じ商品やサービスを提供できることを旨としていた。

各地域だけでなく、各国にそれぞれの事業部が事業部別に現地法人を持っていた。各現地法人は、本社の事業部の担当者と連携して提供する商品やサービスを決めていた。なので、現地法人の社長は大家さんのようなもので、各店子《たなこ》が事業部と連携して行う事業を現地でスムーズに運べるようにサポートする役割だった。

▩GEのウェルチ会長は世界を等距離で見ていた。「国内事業比率の高い事業部は海外に出て行け！」には「言い訳」許さず

ウェルチ会長は自分の目で確認することを重視していたので、主要顧客や主要国の要人は自分で面談していた。

丁度その前後に、流行していたマネージメント・バイ・ウォーキング・アラウンド（MBWA）をもじってマネージメント・バイ・フライング・アラウンド（MBFA）の実践だと、周りの人間は揶揄（特にFをここでは使えないような下品な言葉で置き換えた不心得者もいた）していたが、実際に自分の目で確認するという効果は絶大で、オフィスに籠って顧客や現場の実態を知らずにビジネスを行っていると、「何やっているんだ、すぐに現地に行って見てこい！」と号令がかかった。

そして、見に行った結果をウェルチ会長に報告する。その際に、見たことの意味合いが正確に把握できていないと、大変なことになる（私の目の前でクビを宣告された幹部が何人かいた）。

特に、ウェルチ会長になり、市場で一位か二位になれる事業を残して残りの事業を整理するという事業の再編は一九九〇年代の前半にはほぼ終わっていたので、これか

らの成長機会は海外だというわけで、主として米国内で事業を行っていた事業部は「有無を言わさず」海外に放り出された。

一九九〇年代の前半は、ウェルチ会長はいつも海外市場をモニターし、有望と思われる市場（例えば東欧）には頻繁に足を運んでいた。

■まず日本からという発想を捨てる

日本企業は、日本で完成度を高めたうえで余力があれば海外に展開するというプロセスを取ることが多い。これそのものは悪いことではないが、完成度を高める取り組みをしている間、海外の動向を横目で睨んでおくことを忘れてはならない。

携帯電話では、日本市場優先のプロセスを採用した。海外ではフィンランドのノキアやエリクソンが携帯電話を開発・製造していた。また、パームパイロットやブラックベリーなども出始めていて、PC向けに開発が進んでいた基本ソフトのＬｉｎｕｘを修正して、携帯電話でも使えるようにしたアンドロイドを使ったもの（というよりラップトップの携帯電話版）が出始めていた。

同じ頃、アップル・コンピューターがマッキントッシュの基本ソフトをＵＮＩＸに切り替えていた。アップル・コンピューターがｉＰｏｄを拡張してｉＰｈｏｎｅを発売するという発表の意味合いを日本のメーカーは誤解していたようだ。

アップルの動きにはアンドロイドがすぐに追従し、日本の外、つまり海外市場はｉＰｈｏｎｅとアンドロイドが席捲してしまった。

この一つの要因は、日本のメーカーのオープンソース嫌いによると思われる。「自社で開発したソフトを公開することによって競合メーカーに対する差別化ができなくなるのではないか」という主張はもっともではあるものの、オープンソースのライセンスにも色々と種類があって、自社開発分は非公開にすることが可能なライセンスのオープンソースもある（アップル・コンピューターはそのようなライセンスのオープンソースを採用している）。

また、オープンソースのソフトで不具合があった場合の責任は誰が取るのかという問題もある。このあたりは、海外メーカーはすでにクリアして実際に販売しているので問題回避の方法はあるはずなのだが。「ウィンドウズの不具合はマイクロソフトが責任を取ってくれるが、オープンソースは誰が責任を取ってくれるのだ」

一方、日本で完成度を高くしてそれから海外で展開するというプロセスは、「日本で完成度を高めている間は海外勢の進展はそれほどないだろう」ということが暗黙の前提になっている。

ところが、日本で完成度を高めている間に、海外メーカーも類似の商品を開発して営業していたら、日本企業の製品は完成度は高いとは想像できるが、すでに海外の競合メーカーに先を越され、二番煎じの商品は不要ということで、市場参入が難しくなってしまうこともありうる。

すでにビルの清掃用ロボットや搬送ロボットなどではこの傾向が見られ、性能や品質（故障などの不具合の少なさ）などでは日本のロボットが上回るのに、海外競合メーカーのロボットをすでに導入してしまったので、減価償却が済んで次の買い替えの時期までは購入は無理、などという事態に直面しているメーカーも散見される。

これは、花見の場所取りのようなものである。良い場所を探してウロウロしている間に先に場所をどんどん取られてしまう。あそこが良かったのにと思っても、他人に場所を取られてしまうとまず譲ってもらえない。

他人の動きを横目で睨みながら、良さそうな場所はどんどん押さえにいかないといけない。他人に先に押さえられたら、まずそこは諦めたほうがよい。

同じことは、お客についても言える。ウチの商品を先に買わせないと、よその商品を買われてしまったら、乗り換えさせるのは大変だ。

お客を先に抱え込むという発想が必要だ。特に、海外は先に押さえておかないと、余力ができた頃には手遅れになることが多い。ガラケーの失敗を繰り返してはいけない。

マスメディアのおかげで、よその流行があっという間に世界中に広まるようになった。そのおかげで消費者の嗜好《しこう》は日本、アジアの大都会、アメリカ、ヨーロッパなどではほぼ同じようになってきている。実際に流行しているものを手に取るわけにはいかないものの、ニーズや嗜好は似通ってきていると思う。

例えば、ファッションなどはミラノ・パリ・ニューヨークを世界中が関心を持って注目しているうちに、世界のファッションに対する嗜好はほぼ同じになっている。ユニクロなどが好例だ。食品もグルメ雑誌などによって嗜好が異なる市場でも似通ってきている。家具や家電製品も同様に、良いデザインであれば世界中で売れる。ＩＫＥＡなどが好例だ。

世界の市場が均一化してきているのであれば、営業の方法を工夫して、最初から世界市場を目指すほうが良いと思われる。また、市場の立ち上がりのスピードに違いがある場合は、一番先に立ち上がっている市場を優先するという戦略も有効だと思う。

このような考え方で、日本ではなく、シンガポールで先に立ち上がった病院の医薬品の搬送ロボットなど、日本発の事業の実例もある。

まとめ

日本を代表する企業は、海外の売上が日本の売上を牽引すると信じて世界的な企業になった。間違ってもガラケー・メーカーになってはいけない。

■従業員は三～五年で退職するという前提で考える

厚労省の雇用動向調査で、直近五年ほどの統計を見ると、大体新卒で入社後三年～五年で六〇パーセント以上の大卒が離職している。

実際に離職かというと、おそらく転職だ。アメリカでも新卒はキャリアアップのために三〜五年で離職する。

アメリカ企業で特徴的なのは、新卒はすぐにいなくなるのだから、お金はかけないという多くの日本企業とは異なり、逆にスキルや業界知識などを身につけさせ、自社内に空きポジションがなくても、他社で一つ上のポジションを狙えるように育成することだ。

他社に転職したとしても、在籍していたかつての同僚が他社の中に一人増えるメリットは意外と大きい。転職先でかつて在籍していた企業から購買してくれることだってあるのだ。


ニューヨークの北郊五〇キロメートルのところにクロトンビルという町があるが、GEはそこに研修所を置いて、全社員（新卒から新任役員を含む役員まで）の研修まで行っていた。

人事部門所掌《しょしょう》だが、専任の研修スタッフを置き、講師としてハーバード・ビジネス・スクールなどの有名ビジネス・スクールの教授が教鞭を執って、アメリカのトップ・ビジネス・スクールのカリキュラムのいいとこ取りのカリキュラムで研修を行っていた。

なお、幹部以上の研修は海外市場の直接体験が大事だということで、研修所が所掌しているものの、研修所で実施するのではなく、ターゲットにしている海外市場の現地に参加者がどっぷり浸かって四週間の研修を行っていた。

私が受講した幹部研修は、「これからはGEにとって南米が重要になる」という認識からメキシコで行われた。その前の回の研修は東ヨーロッパ、私の次の研修は日本やアジアに場所を移した。

従業員にスキルアップの場を提供して、金をかけて育成したのに転職されては困ると思われるかもしれないが、GEなどのアメリカ企業はこれで困るという認識はないし、転職先で活躍して、「GEは優れた人材育成を行っている企業だ」という評判が立てば、GEの評価も上がり、良い人材たちを惹きつけられる。

離職されたら空きポジションには中途採用して社内で研修すれば、戦力として働くまではすぐに到達するだろうくらいに思っている。私も転職後一年半後に幹部向けの社内研修に参加した。転職してきた人材を差別するようなことはなかった。

日本でも中途採用に関しては同じような仕組みを取り入れたらよい。

日本の場合、今は、離職してスタートアップなどに転職しているようだが、大手企業も中途採用のキャリアパスを作ることが必要だろう。

アメリカやヨーロッパの企業などは、それが整備されているし、第二次世界大戦前の日本企業も、転職者のキャリアパスは揃っていた。特に商社やメーカーの営業部門などは、中途採用の従業員が持つ経験やスキル、業界の知見を重視していた。

このような人材を自社内に留めるためにキャリアパスを整備していた。

戦後の労働力不足の際に、求人数ほどには応募者がいなくなってしまったので中途採用が実質できなくなったことが、現在の日本企業に中途採用のキャリアパスがなくなった原因だろうと推察される。

また、女性の採用を増やそうという取り組みも盛んだが、女性の場合、厚労省の雇用動向調査の統計を見ると、二五歳前後で退社するケースが多い。これは、結婚と出産があるからで、出産後子育てが一段落した三〇代で再就職を考える女性も増加している。

女性が働きやすい環境を整える日本企業も増えているようだが、夫の異動による引越しなどでキャリアが中断されるケースも多い。

人口の半分を占める女性が働きやすい環境を整え、安定的に労働力を確保することは大事だと思うが、もう一方で、従業員はいつか退職する前提で考えておくことも重要だ。


女性の雇用に関連して一つ追加すると、一人辞めると、空きポジションを埋める必要が出てくる。その際にはキャリア採用とか中途採用が必要になる。意外と日本企業は中途採用が苦手だ。

これは、空きポジションで必要とされる人材のスペックが曖昧なことが原因だ。加えて、候補者が必要なスキルなどスペックを満たしているか、面談で十分に判断していないことが大きな課題だ。


もう一つ追記したいが、アメリカ企業と日本企業の違いは、従業員研修に表れていると思う。

右にも述べたが、GEなどでは研修で外部講師を呼んできて、最先端の経営手法や技術を従業員に叩き込む。

私も、ハーバード・ビジネス・スクールの教授から、海外市場のリスク評価のマクロ経済学の手法を実務でどのように使ったらよいか研修していただいた。進出予定国の抱えるリスク評価など、海外企画の業務に直結した実務的な内容だったので非常に有効だったと思う。

一方、日本の企業研修では、基本はOJTなので先輩社員が持っているスキルを越えられない。

外部の経営コンサルタントが研修講師として呼ばれることもあるが、その場合、研修体系が全体としてどうなっているか（つまり従業員の育成計画）の中での位置付けがどのようになっているかで効果は変わってくる。

スポット的に外部講師を雇ってくるのでは、全体としての研修体制の整合性が問題になると思われる。例えばマーケティングでも、扱う市場の難易度で、初級・中級・上級というようにスキルレベルも異なってくる。

ベテランが一人で初級から上級までカバーしていれば問題ないと思われるが、スポット的に講師を雇うのであれば、各クラスで扱う内容を定めておかないと、抜け落ちがあったり重複があったりする懸念がある。

ＧＥなどでは、事業戦略を実行する際に、どのようなスキルを持っている人間をいつまでに、何人くらい、どこの市場で必要になるかを弾き出し、育成計画を作成する。事業計画と人材育成計画はリンクしていなくてはならないということだ。

■従業員の採用はグローバルに

自社が必要とするスキルを持った人間は日本人ではないかもしれない。例えば、シンガポールのスターバックスに行ったら、英語と中国語を話せるスタッフや客が当たり前にいる。

つまり、そういう人材が必要であれば、日本国内で探すより、例えばシンガポールで探したほうが見つけやすいかもしれない。わざわざビザを取得して日本に赴任してもらわなくても、例えばシンガポールの現地法人採用ということにして、連絡等はオンライン（ズームとか）で行うようにすれば、無駄な費用を使わずに必要なリソースを獲得できる。

日本に留学したアジア人なら、普通に英語と日本語ができるうえに専門知識も豊富だ。日本国内の大学では、日本人が大学院博士課程に行かなくなった分、アジア人が博士課程に進学するようになった。

しかし、博士号を取得してもビザなどの関係で日本で働けないので、日本で習得した技術を使ってアジアの諸国で活躍するということが起こっている。彼らが日本企業に就職しても昇進できなかったり、責任あるポジションには就けないなど、ビザの問題が解決したとしても、課題はまだまだ多いようである。

日本で学位を取得した留学生は日本語でコミュニケーションができるだけに、もったいない話だと思っている。

まとめ

国籍に関係なく、必要なスキルを持った人材を集めることが、企業を強くする。

起業のススメ

日本のベンチャーのシンガポール進出におけるプロジェクトを見ていたシンガポールの大学関係者による紹介で、国立シンガポール大学の博士課程の大学院生や研究員の起業を支援する活動に従事した。

私が指導を担当した大学院生や研究員は、非常に優れた技術を元にした起業を意図していた。博士論文や学会発表論文の基礎になるようなオリジナリティーの高い、オンリー・ワンの技術だったので、スタンフォード大学でアントレプレナー教育で教鞭を執っているスティーブン・ブランク氏が数々の起業経験を元に開発したリーン・ローンチパッド（LLP）などの手法で起業の可能性を検証したうえで、企業登記などを進めた。

何度か、ピボット（市場情報による事業・製品の修正）を行い、起業した時には、当初の計画からはかなり変わった形になったが、この修正のおかげで、最終的には開発した技術の持つポテンシャルが最大限活きるようになった。

日本からも、起業したいという相談を受けるのだが、シンガポールやアメリカでの相談と大きく異なることがある。

それは、どういうビジネスで起業するかという具体的な計画なしに、「起業したいので、これからビジネスのネタ探しに行ってきます」みたいな相談が多いことだ。

学生の場合、「起業のためには、大学中退してもいいと思っています」という段階での相談もある。

最近の日本からの問い合わせから、現在の状況を見ると、自分の目的や好みにぴったりの職場を探すより、起業するほうが自分にぴったりのビジネスを自分で作って働けると思って、就活より起業のほうが良いように思うのかもしれない。ただ、具体的に起業することの意味合いを、若い人たちが理解していないような危惧を感じることが多い（学生さん向けのアドバイスは後述）。

以下に、私の経験から起業に関して述べてみたい。

■日本は起業大国ではなかったか？　日本を代表する企業も最初は個人起業──「お客」の視点

歴史的に見ると、日本でのビジネスは家業からスタートした。それぞれの家が、家業を営み、長兄・長姉が家業を助け、継承する。子どもが複数いる家の場合は、丁稚《でっち》に出るなど家業の外に出て修業する。家業を成長させ、資産を形成することが求められていた。

次男・三男の場合は、奉公先でビジネスを覚え、長く奉公した場合は暖簾《のれん》分けをしてもらい、自分のビジネスを立ち上げることもあったし、また、奉公先を退職して自分のビジネスを立ち上げることもあった。

いずれの場合も、自分でビジネスを所有し成長させ、資産形成に励むことになる。

サントリー、グリコなど、あるいは三井、三菱、住友は家業からスタートした成功例。パナソニック、山善などは創業者が丁稚奉公から成功した例であろう。

いずれにしろ、日本を代表する企業は元を辿れば個人起業だ。

■今、なぜ日本のスタートアップは千ミツの世界――シンガポールはなぜ起業の成功率が高いのか？ 「技術」か「お客」か

高度成長期に流行った言葉がある。「モーレツ」「脱サラ」だ。

一九七〇年頃に流行していたと記憶する。日の出前から出勤し、毎日残業、その後、上司・同僚と焼き鳥屋で一杯。終電で帰宅。中には、終電を乗り過ごしたので仕方なく駅のベンチで寝て、始発で自宅に帰り、着替えて出社という猛者もいたらしい。

当時のサラリーマンにウケたのが、植木等の「スーダラ節」だったり、当時のサラリーマンを活写した小説家・山口瞳《やまぐちひとみ》の小説『江分利満氏の優雅な生活』（筑摩書房）だ。当時のサラリーマンの一日はまさに「モーレツ」。当時CMでモービル石油の宣伝で「モーレツ」という言葉が流行語になった。

一方、「モーレツ」に疲れたサラリーマンは、そこから脱出。会社を退職して、自営業に。称して「脱サラ」。成功確率は六パーセント程度だったと言われた。

社宅住まいだと、自宅に戻っても会社の同僚の目を気にする生活になる。そうではなく、自分の生活ペースを取り戻したいと願うサラリーマンたちが憧れた。

ところが、会社を退職してみたら、自営業を営めるほどのスキルがない、資金不足、思いつきで退職したため行き当たりばったりな生活、毎日の自営業の経営プレッシャーで健康障害などで、なかなか事業が立ち上がらない。

問題は、「脱サラ」した際の自分のスキルや、これから行う事業に対する計画の欠如だ。「脱サラ」後に何をやるか、そのためのスキルはあるかを見極めることは非常に有用だ。

最近の起業の相談でも似たような傾向がある。まず、起業ありきで、どういう事業をやりたいのか、その事業を行うスキルはあるのか、事業が立ち上がるまでの資金はあるのかなど基本的な目論見《もくろみ》もないことが多い。これでは、「脱サラ」と大して変わらない。

サラリーマンとしてお金を稼ぐためには何をしなくてはならないかを経験していた分だけ、「脱サラ」のほうが成功確率が多少は高かったようだ。

日本だと、大学まで受験のための勉強ばかりで、お金を稼ぐとかお客に対してサービスを提供するなどのビジネス経験が圧倒的に不足している。

自分でサービスなり商品を提供して、対価としてお金をもらうというビジネス経験なしに、いきなり起業というのは、ラケットを持った翌日にウィンブルドンに出場するような話だ。試合に出れば、賞金が手に入るという「取らぬ狸の皮算用」でテニスを始めるようなものだ。

シンガポールの起業成功確率が高いのは、起業のための事前準備に時間をかけるからだ。

私がメンターを引き受けたシンガポールのスタートアップには、一〇〇社とアポを取って面会して、提供しようとしている技術や商品を欲しがっているか（つまり市場があるか）見極めなさいと指示した。

ゼロから始めて大体一〇社くらい面談した頃には感触が掴めてくる。その時点で、提供する技術や商品に基づく事業計画を練り直して商品を作り替えるとか技術開発を別の方向に転換するなどを行い、市場に技術や商品を受け入れてもらえるように修正した。

一〇〇社との面談が終わる頃には、面談・面会からの一次情報を用いて、市場で受け入れてもらえるような技術や商品に仕上がった。また、この過程で、技術に着目して出資してくれる企業や購入してくれる企業も現れた。

また、この面談での情報を元に、この第3章で詳述するビジネス・モデル・キャンバス（BMC）の九つのブロックを実際の情報で完成させた。後に詳述するビジネスモデルは、実際の市場からの一次データで検証済みなので非常に完成度が高い。

こうやって、提供しようと考えている技術や商品が、確かに市場に受け入れてもらえるということを検証した後に企業を登記する。

このようなプロセスを経ているので、シンガポールでの起業の成功確率は非常に高い。私の場合は、指導を依頼されたスタートアップは全て資金調達に成功し、起業に成功したので、成功確率は一〇〇パーセントだったことになる。

国立シンガポール大学で同じ頃にメンターを行っていた同僚たちも、ほぼ全てのスタートアップを成功裡に資金調達し起業させていたので、将来の顧客候補に起業の計画に対する意見を聞きに行くという手法は、成功確率を上げるのに効果的だと思っている。

実際、スティーブン・ブランク氏のリーン・ローンチパッド（LLP）の手法をほぼ忠実に守っていると考えて良いと思う。

昭和の初期は、各家庭が家に電気を引けるほど電気は安くなかった。当時は各家庭には電線が一本だけ。その電線一本に電灯をつけている家庭が多かった。これでは、電気を家に引いている家庭も電化製品を使いたくても使えない。

松下幸之助が二股ソケットで起業した際も、家電製品を使って便利な生活を欲している顧客が存在することを確認している。また、ソニーのウォークマンも再生オンリーのステレオを必要とする顧客がいることを（それも海外で）検証したうえで商品を市場投入している。

自分が考えている事業で、「顧客が実際に抱えている課題を解決できるかを将来の顧客に聞く」というプロセスが、スタートアップの成功確率を高めるのに有効だと思う所以《ゆえん》である。

■シンガポールで二社起業支援したが、『どてらい男』の知恵（「お客」の視点）で二社とも成功。「えっ！」（そして納得）の発想

『どてらい男』の主人公、山下猛造は福井の小学校を卒業後、大阪の機械工具商の前戸商店に丁稚として奉公に上がる。

小学校卒が当たり前の時代に、中学卒はいわばエリート。他の丁稚が中学卒だったりするので、なかなか面白い仕事にはありつけない。

猛造は外交（営業）を希望していて、外交としては成績も上がっていたが、前戸商店は猛造の開拓した得意先を先輩や格上の社員にも担当させていた。言わば、猛造から見ると、猛造の得意先を先輩格の外交が横取りしている状況だった。

まず、『どてらい男』からの引用を読んでほしい。後の話の伏線になっている。

丁稚の朝の仕事は、掃除から始まる。七十坪からある階下の店の掃除から表の掃除、便所掃除から、十五台はある自転車の掃除、さらに先輩店員が起きた後の床上げから、店員部屋の掃除等々――。

しかも、午前六時に起きて、八時までの二時間、新入丁稚の六人がその掃除全部を受け持つのである。

春とはいえ、早朝の水仕事のつらさは、言語に絶する。便所掃除の情けなさから、自転車の細かい掃除――

要は、朝の掃除は、商店ではお客から見えるだけに店を綺麗に掃除しておくことは大事だった。掃除は大変だが店員にとっては自分の売上には直接関係ない。とはいえ、誰かがやらなくてはならない仕事だった。つまりみんながいやがる業務だ。

その夜、一睡もせずに考えた猛造は、その翌日から、自転車に箒や雑巾をくくりつけて得意先回りをした。

得意先へ行き、その店が来客中なら、店の表をその箒で掃除し、倉庫へ行ってはゴミを集めた。

別に、外交が目的ではない。掃除だけすませて、帰る日もあった。

前戸商店の先輩店員が行っている店では、なおのこと外交の話はしなかった。

それで気の毒がって、その店の主人が、

「猛やん、品物買うたるで」と言うと、

「いえ、誰に買うて頂いても一緒だすさかい、うちのもんが来たら、買うてやっとくれなはれ」と、にっこり笑う。

「ほな、あんた、何で掃除するのや?」と聞かれ、

「わいみたいな丁稚を信用してくれはって、今日まで商いしてくれはったお礼だす。あの頃は、有頂天になって、何とも思いまへんでしたけど、もう一回、丁稚をやっ

て、はじめてお得意さんの有難味がわかりましたんや」

神妙な顔で答える猛造に、

「ほうか。あんたその気持ち、忘れたらいかんで」とか、「あんたがまた、外交に回るようになったら、買うたるで」と言ってくれたのである。

世の中とは、奇妙なものである。

姑息と思われたかもしれないが、皆がいやがるが誰かがやらなくてはならない仕事に目をつけたことが、猛造の才覚だ。直接は自分の成績にはつながらないが、得意先を味方につけたので、前戸商店も「猛造には売上がない」と言ってクビにはできない。

例えば、マッキンゼー時代の経験だが、プレゼンの日に、プレゼンに何人出席するか、スライドのプロジェクターはプレゼンの部屋にあって故障していないか、レポートは何部準備したらいいか、などプレゼンを成功させるためにはつまらないと思われるような事前の準備が必要だ。

つまらない仕事かもしれないが、クライアントがその気になって提言を実行するように仕向けるには重要だ。

その意味では、猛造は将来の飛躍につながる糸口（つまり自分が売る商品を購入してくれる得意客）を手に入れたと考えてよい。

■『どてらい男』の知恵は、シンガポールでも活かせた。日本でも十分活かせる

このように、世の中で「あれ？　なんで」と思われていることに目をつけると、意外と起業のネタが見つかる。

国立シンガポール大学の博士課程の院生は、肉からエキスを抽出する技術を開発。大学に残るより、この技術を商業化できないだろうかとこの院生は考えたそうだ。

国立シンガポール大学からの依頼を受けて、この博士課程の院生のメンターを引き受けた。

大学院生から色々と理論を聞くと「不味そう！」（加水分解してからぶくぶく泡を立てながら発酵させる？　気持ち悪いイメージを想像させるような話）だったので、「悪いけど、そのプロセスでできたエキスを試食させて？」とお願いしてみた。

試食してみると、コクがあって旨みたっぷり。市販のブイヨンよりはるかに旨い。それならということで、将来顧客になりそうなところにアタック！

ただし、理論の話は置いといて、まずは試食から。

色々な可能性のありそうなところに当たっているうちに、肉の廃材処理のために解体業者がお金を払って処分しているところまで突き止めた。

大学院生の開発した技術は、肉であれば食用であろうが廃材であろうが関係ない、と大学院生は言う。

その解体業者のオーナー（シンガポールではトップの解体業者）に実際に試食をしてもらったところ、「うちの廃材でこのエキスができるか？」と聞いてきた。もちろんできた。

そこで、オーナー曰く「ウチの解体ラインの隣に、エキスを作るラインを作ったら、今は肉だけだが、肉とエキスの両方から収入になる」とのこと。そのうえ、廃材の廃棄の費用が浮いて、エキスという新商品が無償《ただ》でできる。これはいけるというわけで、起業のサポーターになってくれた。

まさに、「困っていること」に目をつけたところで起業ができた。これは、大学院生の才覚だろう。

これは、私が直接経験したシンガポールでの実例だ。

肉（牛肉、豚肉、羊肉、鶏肉など）を解体する際には廃材が出る。シンガポール国内で、豚肉だけでエッフェル塔四塔分の廃材が毎年出る。そして廃材だから、解体業者は廃棄のために業者にお金を払って引き取ってもらっていた。

解体業者のお困りごとと、博士論文の研究が見事に結びついて起業成功した例だ。

■『日本永代蔵』の成功事例は「顧客のお困りごと」から起業ヒント

どのように「困りごと」から起業するかに関しては、井原西鶴の『日本永代蔵』が日本全国から金持ちになった人たちの話を集め、まとめている。

大坂の話が多いが、これは当時大坂が「日本の台所」だったから、お金が集まっているので金儲けの機会が多く、金持ちになりやすかったのだろう。今なら、東京の話が多くなるのだろうか。

今の時代から見ると、倫理的（とかコンプライアンス的）にはいかがなものかと思う話もあるものの、才覚があれば金持ちになれるという話であれば、元禄時代のベストセラーになってもおかしくないし、今でも起業のヒントになる話が満載だ。

この本で興味を惹かれるのが、「銀が銀をためる世の中」という当時の認識である。つまり、金を持っていれば、もっと金持ちになれる。

冒頭の「初午は乗ってくる仕合せ」は、元手なしに大金持ちになった話だ。大坂和泉の水間寺で一貫の借金をした男が一三年で、一貫の元手で八一九二貫儲けたという話だ。

現代の観点からすると、コンプライアンスから期限なしの借金をすることは難しいが、漁師の行動をよく観察して生み出した着眼点（漁師の験担ぎ）は素晴らしい。

二代目は大体失敗することになっているが、「才覚を笠に着る大黒」などは、倫理的に問題のある部分はあるが、町家の二代目で親から大坂で勘当された大黒屋新六が無一文から江戸で十年ほどで大金持ちになった話だ。

今で言う少しずつ蓄財するという方法で、財を積み上げることで大金持ちになっている。

古文で読むのは大変なので、角川ソフィア文庫の現代語訳付き『日本永代蔵』とか、田中優子著『世渡り万《よろづ》の智慧袋――江戸のビジネス書が教える仕事の基本』（集英社）あたりが参考になるはずだ。

■「困りごと」に着目して起業した例：シンガポールで肉の廃材活用で起業

ここで、具体例として肉の廃材を使ってスープを作る技術でスタートアップをした例を詳しく取り上げたい。

シンガポールでは、起業の成功確率は三割以上と前に書いたが、シンガポール国内で使われているフレームワークは九九パーセント同じもので、ビジネス・モデル・キャンバス（以下、ＢＭＣ）という、スイスのビジネススクールの研究者（アレックス・オスターワルダー、イブ・ピニョールなど）が開発したフレームワークだ。

日本でも、スタートアップだけではなく、大手企業でも新規事業の戦略策定などで活用されている。

ＢＭＣの目標は、表の九つの長方形のブロックを首尾一貫した一次情報で埋めることだ。

ビジネスモデル・キャンバス（BMC）

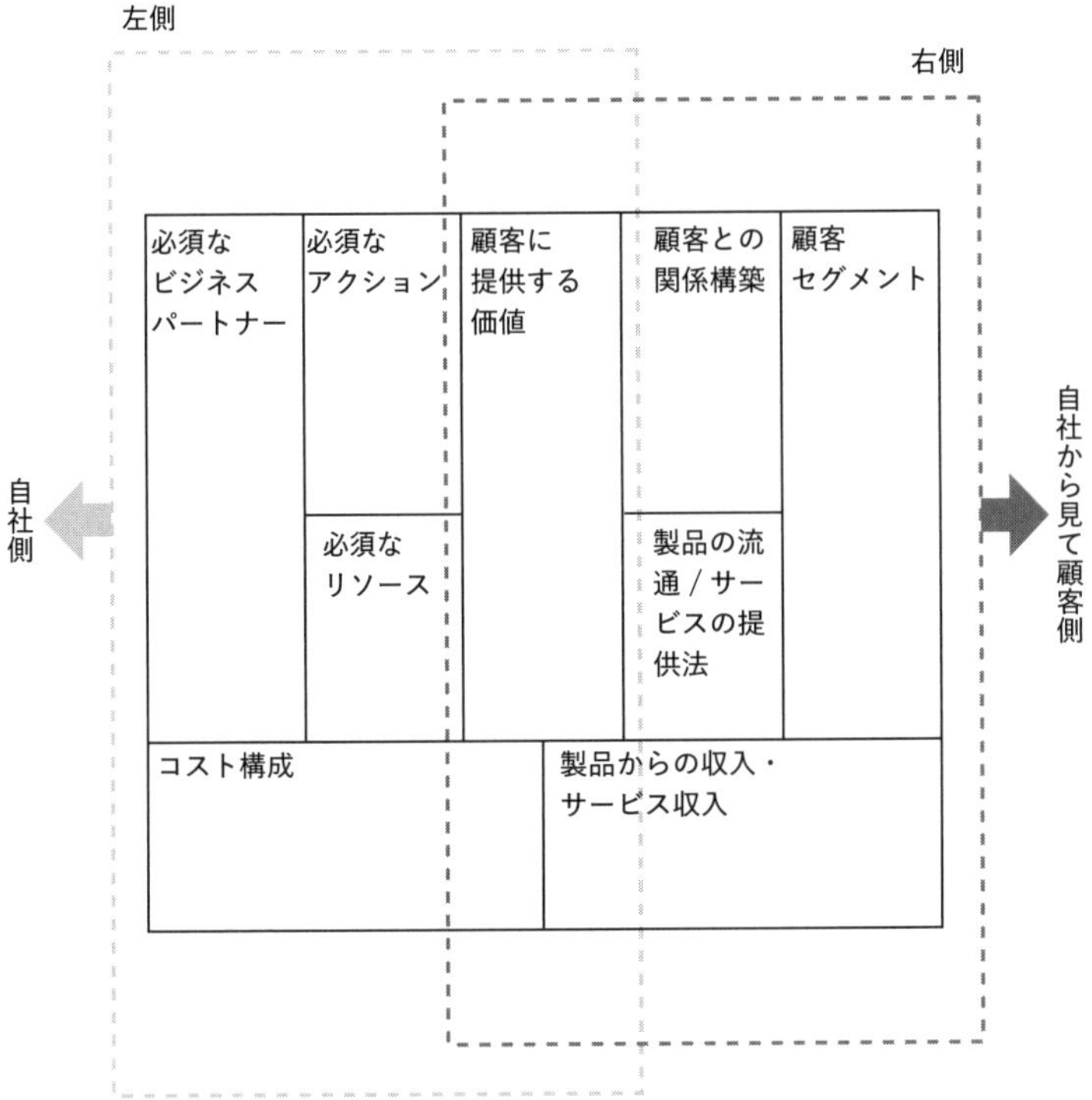

出典：Steve Blank., “The Startup Owner’s Manual”, p36；廣川分析

資料とかインターネットなどからの二次情報で「世の中ではこういうことが起こっていて、こういう課題があるだろう」という仮説を立てる。

そして、顧客との面談などから得た一次情報で仮説が正しいか誤りかを検証し、誤っていた場合は正しい情報で修正していく。

その際に、ＢＭＣの真ん中にあるバリュー・プロポジションのブロックの右側にあるブロックから先に埋めるのがこの作業での要諦である。ＢＭＣで顧客に対する価値（バリュー・プロポジション）のブロックが真ん中にあるが、その右側にある四つのブロックは顧客側の情報、その左側の四つのブロックは自社側の情報である。

左側のブロックを埋めるための情報は社内情報なので埋めやすいが、これを先にすると、右側のブロックを想像や仮説で埋めてしまいたいという誘惑にかられる。

しかし、右側のブロックが想像や仮説の産物で埋められていて一次情報で検証されていないと、実際にビジネスを始めた時に、実態との乖離が判明することが多く、「こんなはずではなかった」という結果になる。

ビジネスモデル・キャンバス（BMC）

まず右側を埋める

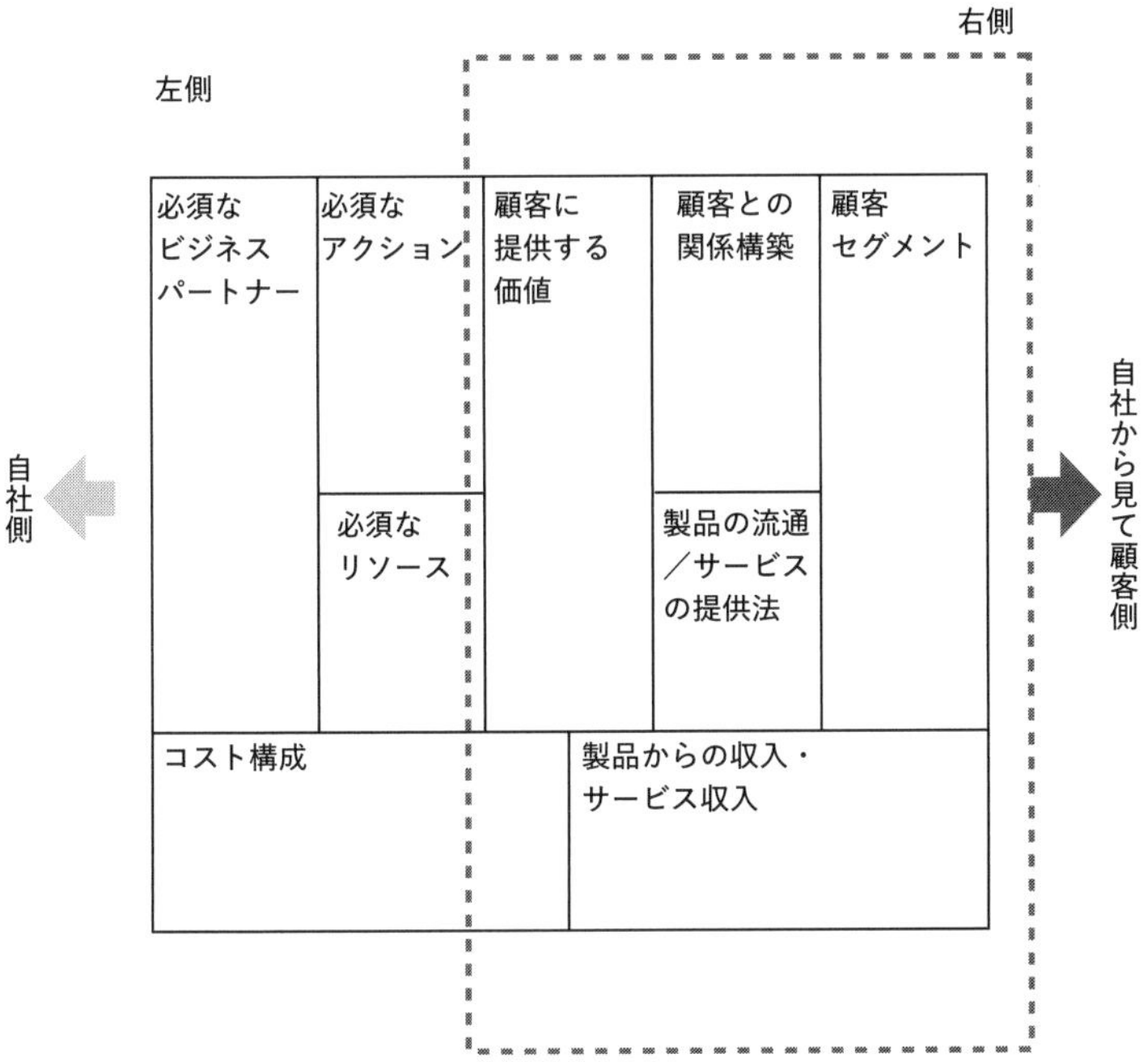

出典：Steve Blank., “The Startup Owner’s Manual”, p36；廣川分析

ビジネスをすでにスタートしているので、その時点で止めるわけにもいかず、走りながら考えることになり、結局時間が無駄になるだけでなく、お金だけが出て行くことになりかねない。

そこで右側のブロック、（図中赤の点線で囲んだ部分）つまり顧客側のブロック（つまり、「顧客に提供する価値」の右にある四つのブロックを先に埋めて、顧客と自社が提供する商品・サービスの価値と、顧客の求めていることがマッチするか検証することから始める。

そのためのフレームワークがバリュー・プロポジション・キャンバス（VPC）というフレームワークだ。これもスイスのBMCを開発した研究者たちが開発したフレームワークで、日本でも大手企業などの新規事業などでよく使われている。

BMCの右側で重要な顧客に提供する価値と商品を使ってくれそうな顧客セグメントとの関係性を明らかにするためのフレームワークだ。

バリュープロポジション・キャンバス

想定している製品・サービスが
顧客のプロフィール(特に困りごと)にフィットするか

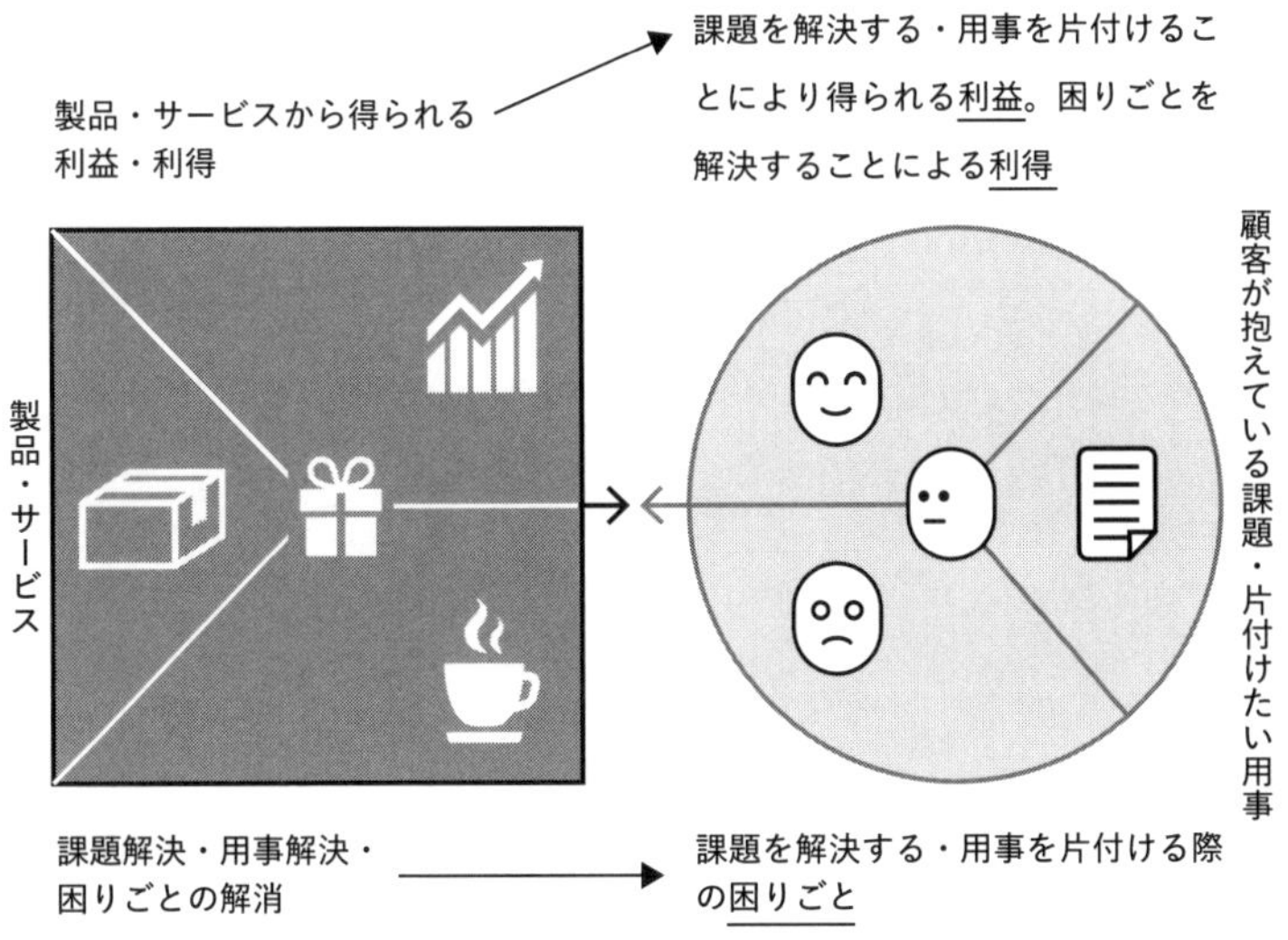

出典：Alex Osterwaider et al., “Value Proposition Design.” PP.9-10；廣川翻案

これを作成する際に重要なことは、想像や仮説で作成するのではなく、顧客候補への面談から得られた第一次情報に基づいて作成することである。

アップル・コンピューターの元CEOだった故スティーブ・ジョブスの言葉を引用しよう。

フォーカスグループによって製品をデザインするのはとても難しいことです。人は実物を自分の目で見るまで、自分は何が欲しいのかわからないものなのです。

面談で、新しい技術が必要かどうか将来の顧客候補に質問すると、まず間違いなく「要らない」という答えが返ってくる。

例えば、「スマホが必要か」と質問したら、ガラケーしか使ったことがない人が相手だったら、スマホなしで今まで生活してきて別に困っていないと想定されるので、間違いなく「要らない」という答えになる。

従って、新しい技術・製品が必要かを質問する際には、試作機・試食サンプル（食品の場合）や将来提供する予定のサービスを使わせたうえで質問するなど、質問の仕方を工夫しないと欲しい情報が取れないことに注意が必要だ。

肉の廃材のケースでは、幸運なことに、ビジネス・スクールの学生が年間の肉の切屑の廃棄量を調べてチームに共有してくれていたので、「廃棄のコストは食肉の解体業者にとっては頭の痛い問題だろう」と仮説が立てられた。

当初は、顧客候補として、食肉を多く扱うところがクズ肉（廃材）も多いだろうと推察されるので、仮説として、食肉の解体業者、レストラン、ラーメン店、機内食やケータリング・サービスなどが候補になるだろうと思い、該当する業者をリストアップ。それぞれに面談を申し込んだ。

チームは、仮説に基づいて作成したVPCを元に、質問を用意して、面談に臨んだ。そこで、お金をかけて廃材を廃棄すること（つまり「片付けたい課題・用事」）が不要になることによって、廃棄に要する費用が節約できることと、廃材からスープを作ることによるメリットがあることがわかったので、「障害・不都合」については検証できた。

各顧客セグメントごとに製品フィットを調査

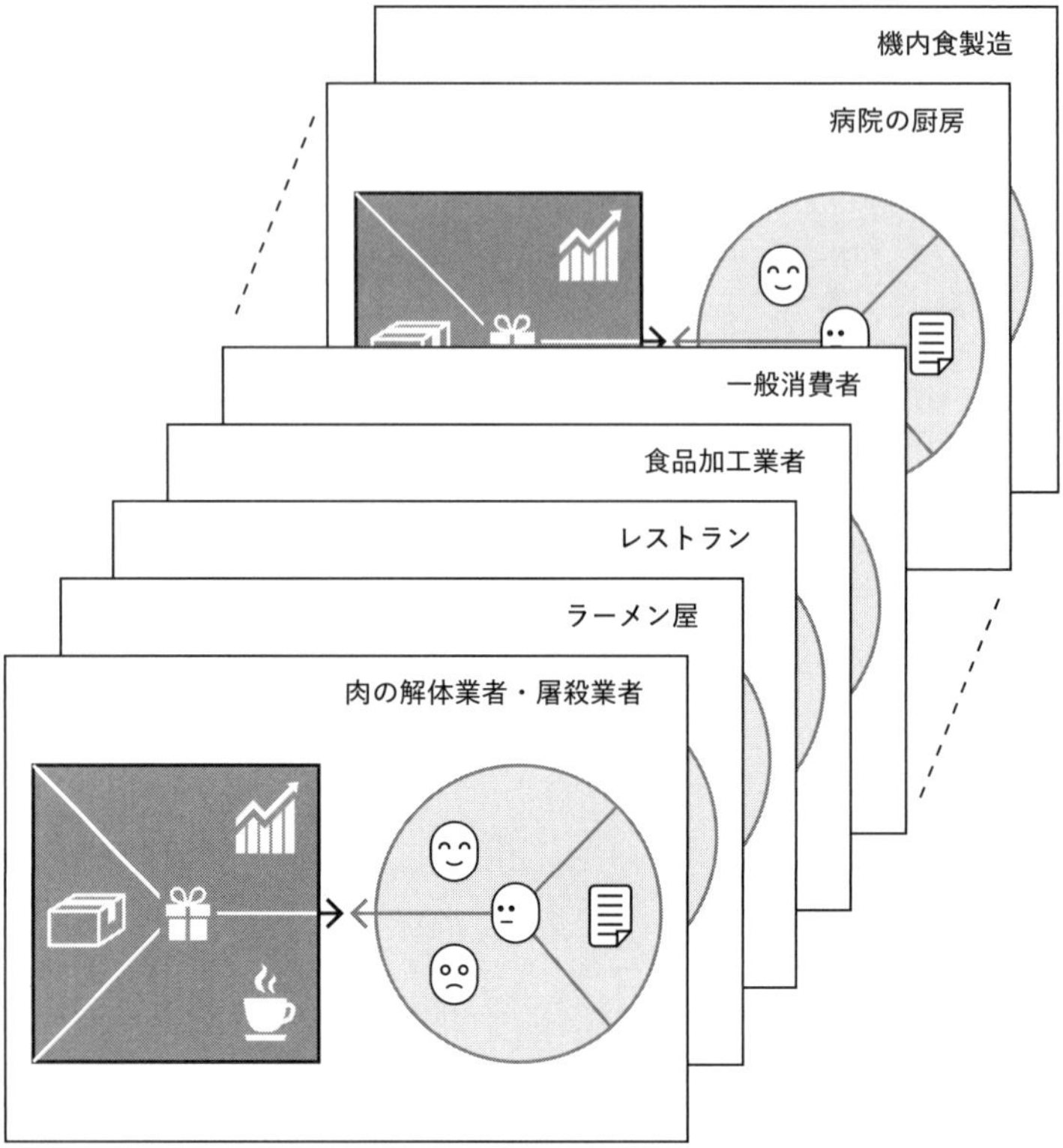

肉の加工業者・屠殺業者とイタリアンレストランでフィットすることが検証できた
試食用のサンプルを試してもらった後に、聞き取り開始

出典：Alex Osterwaider et al., “Value Proposition Design.” PP.9-10 をも

そこで、チームが考えている製品をどのように評価してくれるか、そして高評価につながるかを確認するという次のステップを実行した。「アミノ酸が分解しないくらいの低温で加水分解して……」などと原理を説明しても、顧客にはアピールできない。

そこで、博士課程の大学院生に自宅でサンプルを作ってもらい、顧客候補にはまず試食してもらった。その結果は、私の感想と同様、コクがあって旨味たっぷり。面談の相手は、肉の廃材からどうやったらこのようなスープができるのか聞いてきた。

ここまで至ったところで、原理の説明と特許出願済みという情報を提供した。

ここで、VPCの検証は終わった。つまり、VPCの右側の丸いブロックは仮説ではなく、検証済みのファクトだということだ。同様に、他の顧客候補についてもVPCの検証を行なった。

検証が終わったら、BMCに戻って右側のブロックから順次埋めていく。前述したように、ここでの要諦は右側のブロックから埋めるということだ。顧客側（つまりBMCの右側のブロック）から埋めないと、自社の提供する製品・サービスを顧客が実際に購入してくれるかどうかわからないからだ。

ここで、BMCの各ブロックとVPCを埋める際に注意が必要なことを述べる。BMCやVPCを作成するには、決まった、お作法《さほう》がある。BMCやVPCの教科書には詳しく書かれているが、日本で出版されている解説書などには軽く触れられている程度のようである。

その結果、日本でBMCやVPCを見せてもらうことがあるが、「作法がわかっていないな」と感じることが多いので、そういうことを含め以下に書いてみたい。

一番初めに考えなくてはならないのは、BMCの真ん中の顧客に対する価値とは何かを決めることである。まず、仮説ベースで顧客・ユーザーにとって、提供しようとする商品・サービスの価値は何かと自問するところから始まる。

噛み砕いて言うと、商品・サービスの価値とは、顧客・ユーザーがお金を払ってでも手に入れたい便益《ベネフィット》のことである。

例えば、アップルのiPodは、いつでもどこでも手軽に音楽などの再生が可能であるという価値を与えている。すべての顧客・ユーザーが同じ価値を認めているかと言うと、顧客・ユーザーによって違いがある。

ｉＰｏｄは、若い男女だと、通学・通勤途上あるいはジョギングであっても音楽を楽しみたいというニーズがあるだろう。一方、多少年齢が上のサラリーマンだと、出張途中などのスキマ時間にオーディオになっている書物とか英会話などを「聞きたい」というニーズがあるかもしれない。

顧客・ユーザーがどういう場面や理由で、商品・サービスに価値を見出しているかを仮説ベースで探り、顧客・ユーザーをグループ分けして行く。

この作業を顧客セグメンテーションと言う。

一般には、よくマーケティングの専門家が言うように「ヘビーユーザーを狙え」としたいものだが、実際には誰がヘビーユーザーかわからないことが多いと思うので、後述する検証の段階でヘビーユーザーが見つかれば良いが、たとえ見つからなくても、事業をスタートできる規模のユーザーが見つかれば、とりあえず十分なことが多い。事業をやっているうちに、（ちゃんと市場に入り込めていれば）市場情報でわかってくるはずである。

その時に、営業戦略を変更してヘビーユーザーを狙いに行っても遅くはない。

次に、ＶＰＣを用いて、仮設ベースの提供する商品・サービスの価値が、本当にユーザーが感じる価値になっているか検証する。

この作業の際には、ＶＰＣの右側の円で示されている顧客のプロフィールから作成を進める。顧客のプロフィールは三つの要素からなっている。

- 顧客が片付けたい課題・用事
- 今ある商品・サービスだと苦痛に思う点。お困りごと
- 課題・用事が片付けられた時の便益

価値を考える際に、顧客が片付けたい課題・用事を短期的に考えるだけでなく、商品の寿命の長さと同等の期間中に提供できる長期的な課題がある場合がある。

例えば、耐久消費財の自動車だと、家族構成が代わり、子どもが小学生の自動車と、子どもが育って大学生になって自分で運転できるようになった時の自動車とでは、自動車賠償責任保険などを含めると課題が異なってくる。

各顧客セグメントごとに製品・サービスとのフィットを確認

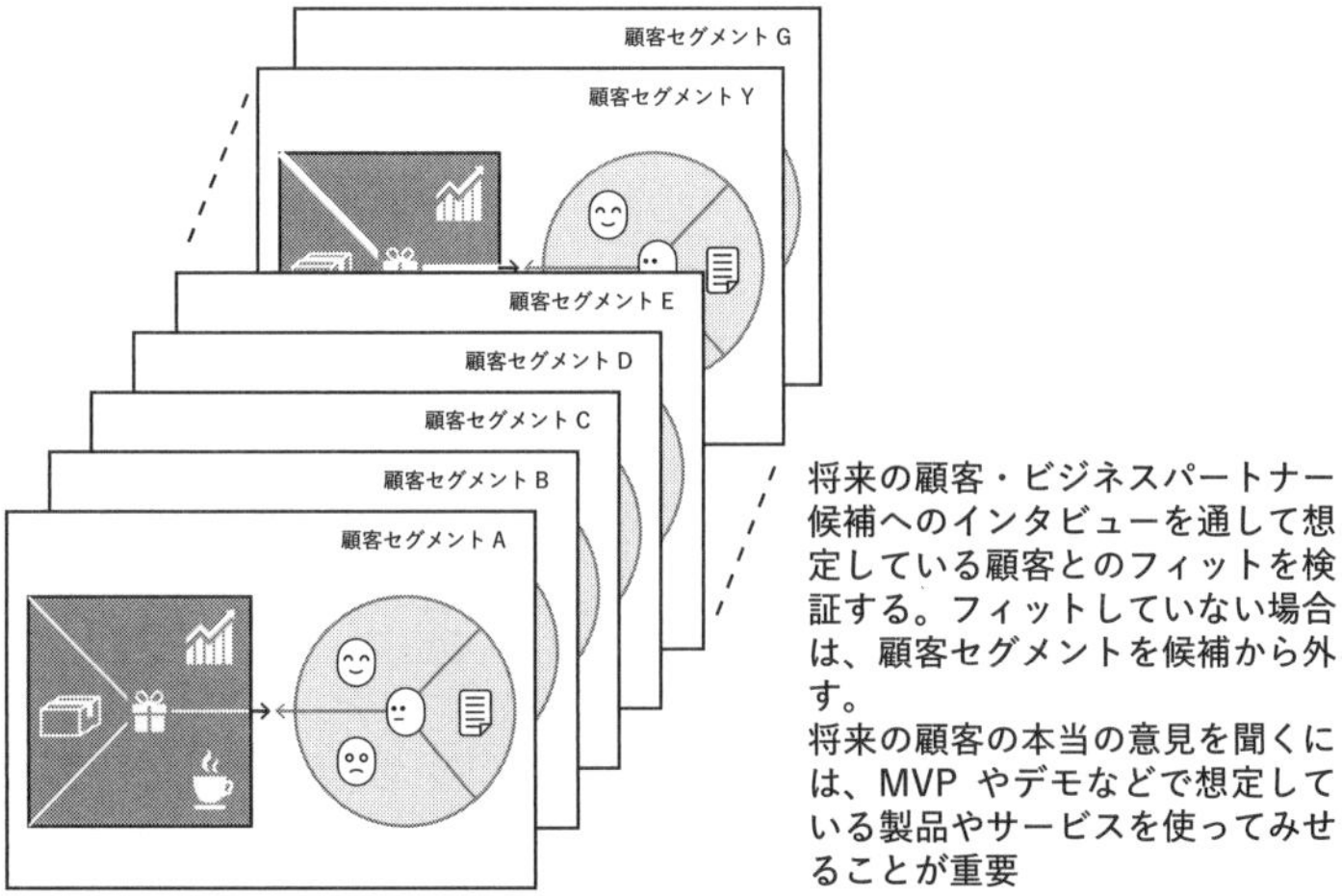
顧客セグメントG
顧客セグメントY
顧客セグメントE
顧客セグメントD
顧客セグメントC
顧客セグメントB
顧客セグメントA
将来の顧客・ビジネスパートナー候補へのインタビューを通して想定している顧客とのフィットを検証する。フィットしていない場合は、顧客セグメントを候補から外す。
将来の顧客の本当の意見を聞くには、MVP やデモなどで想定している製品やサービスを使ってみせることが重要

顧客プロフィールの作成 — 三部分で構成

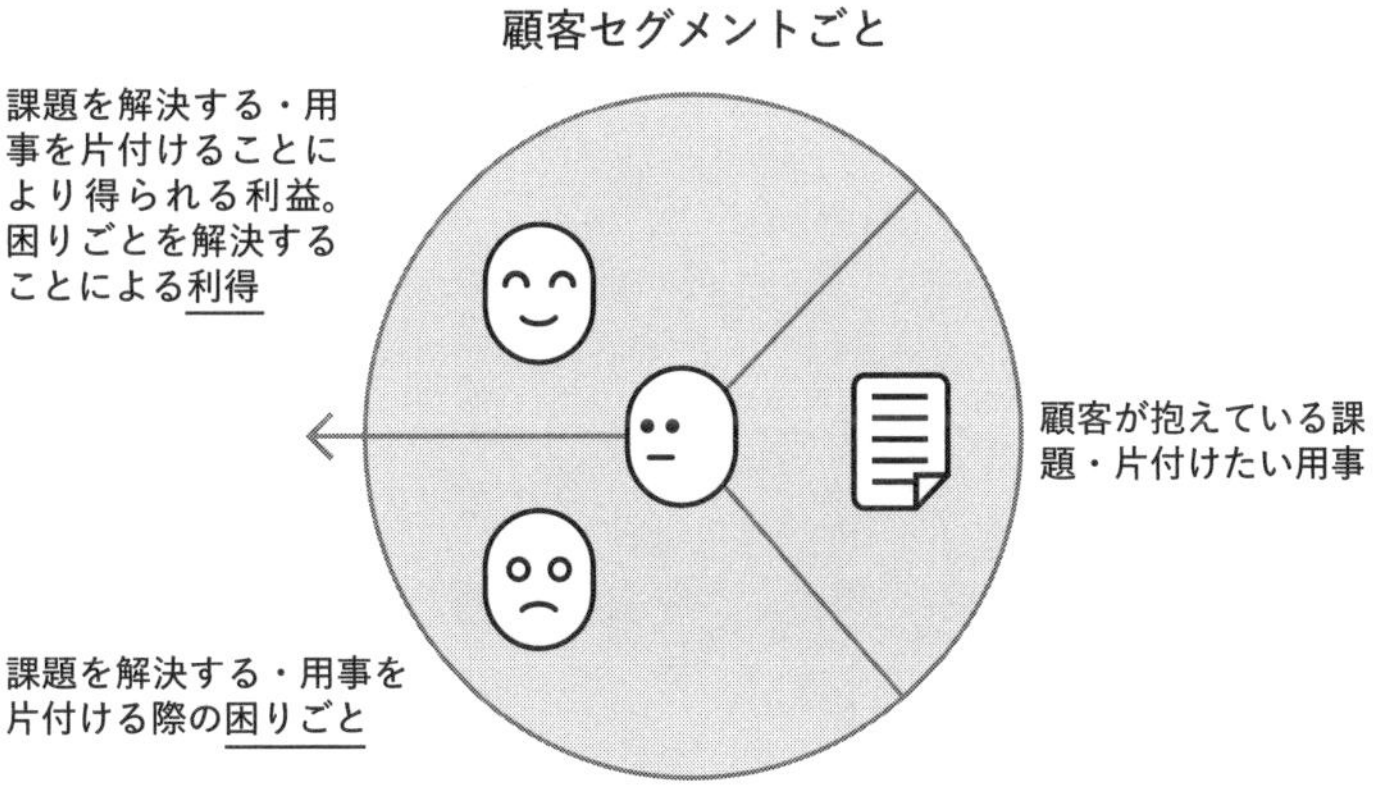
顧客セグメントごと
課題を解決する・用事を片付けることにより得られる利益。困りごとを解決することによる利得
顧客が抱えている課題・片付けたい用事
課題を解決する・用事を片付ける際の困りごと

出典：Alex Osterwaider et al., “Value Proposition Design.” PP.9-10 をもとに筆者作成

短期的な例だが、iPodを例にとり、顧客を若い男女と仮定すると、

- 顧客が片付けたい課題・用事：通勤・通学の際に電車などの交通機関の中でも音楽を楽しみたい。可能であれば（小型であれば）、ジョギングなどでも聞けたら楽しくジョギングなどできる
- 今ある商品・サービスだと苦痛に思う点：機器が大きく・重たいので、持ち運びが容易でない。聴きたい音楽を手元に置きたいが、CDなどからダウンロードの手間がかかる。またCDなどには不要な音楽も入っていて割高
- 課題・用事が片付けられた時の便益：持ち運びが容易なので、通勤・通学の際も好きな時に音楽が楽しめる。音楽をアップル・ミュージックから簡単・安価にダウンロードできる

肉の廃材からスープを作る場合で食肉解体業者を顧客と仮定すると、

- 顧客が片付けたい課題・用事：クズ肉の処理にお金をかけて捨てている

iPodの例

若い男女

どこでも音楽が楽しめる

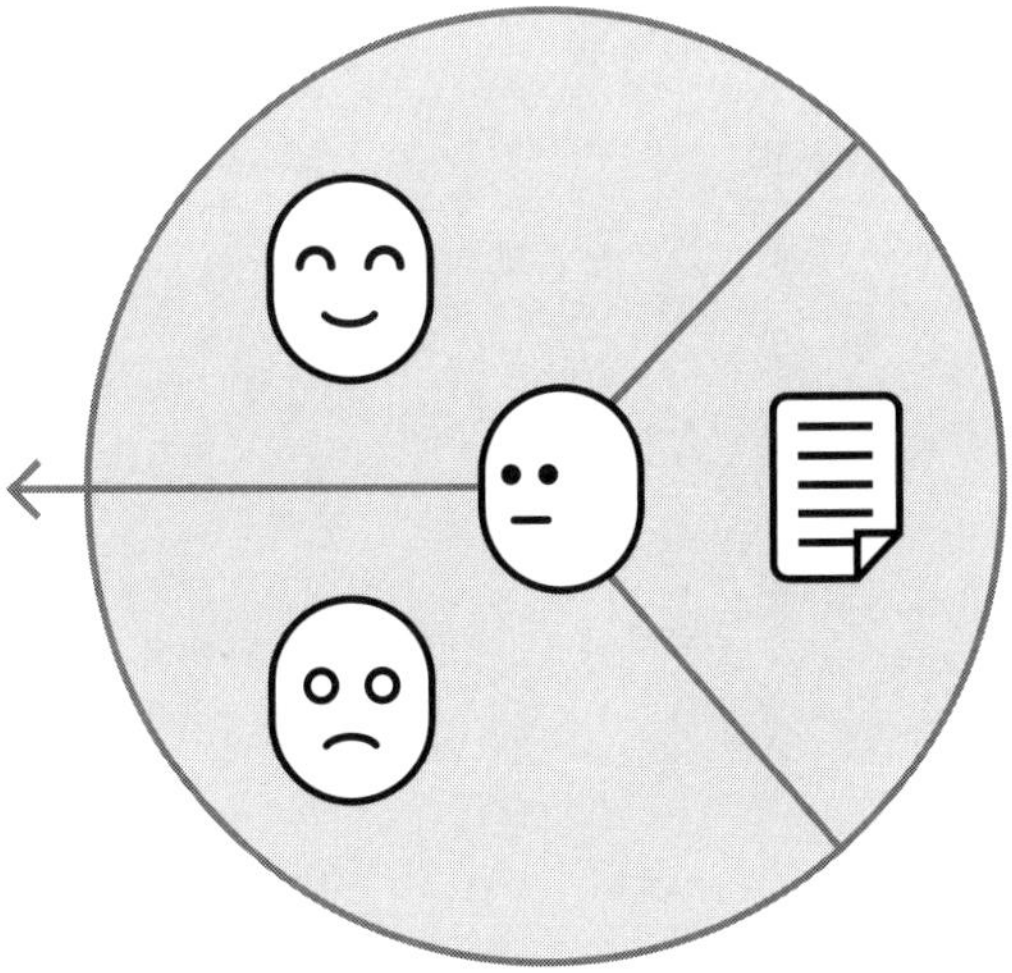

どこであっても音楽を楽しみたい

従来のテープレコーダー
は嵩張る
電池の交換が煩わしい

出典：Alex Osterwaider et al., “Value Proposition Design.” PP.9-10をも

●今ある商品・サービスだと不便・苦痛：クズ肉という価値のない物の処分にお金をかけている

・クズ肉がエッフェル塔四本分をお金をかけて廃棄している

・クズ肉のため、歩留まりが悪い

●課題・用事が片付けられた時の便益：

・お金の節約になるだけでなく、スープという商品で売上が期待できる

・食肉解体業者とはいうもののクリーンなイメージ

以上のような作業を顧客セグメント毎に行う。

この作業の際には、とりあえず、仮説ベースで進める。

次にVPCの左側、つまり顧客に提供する価値、を完成させていく。顧客に提供する価値も三つの要素からなる。

●顧客に提供する商品・サービス

●顧客が感じている不便・苦痛の緩和法

●課題・用事が片付けられた時の便益の実現法

廃材の例

屠殺業者

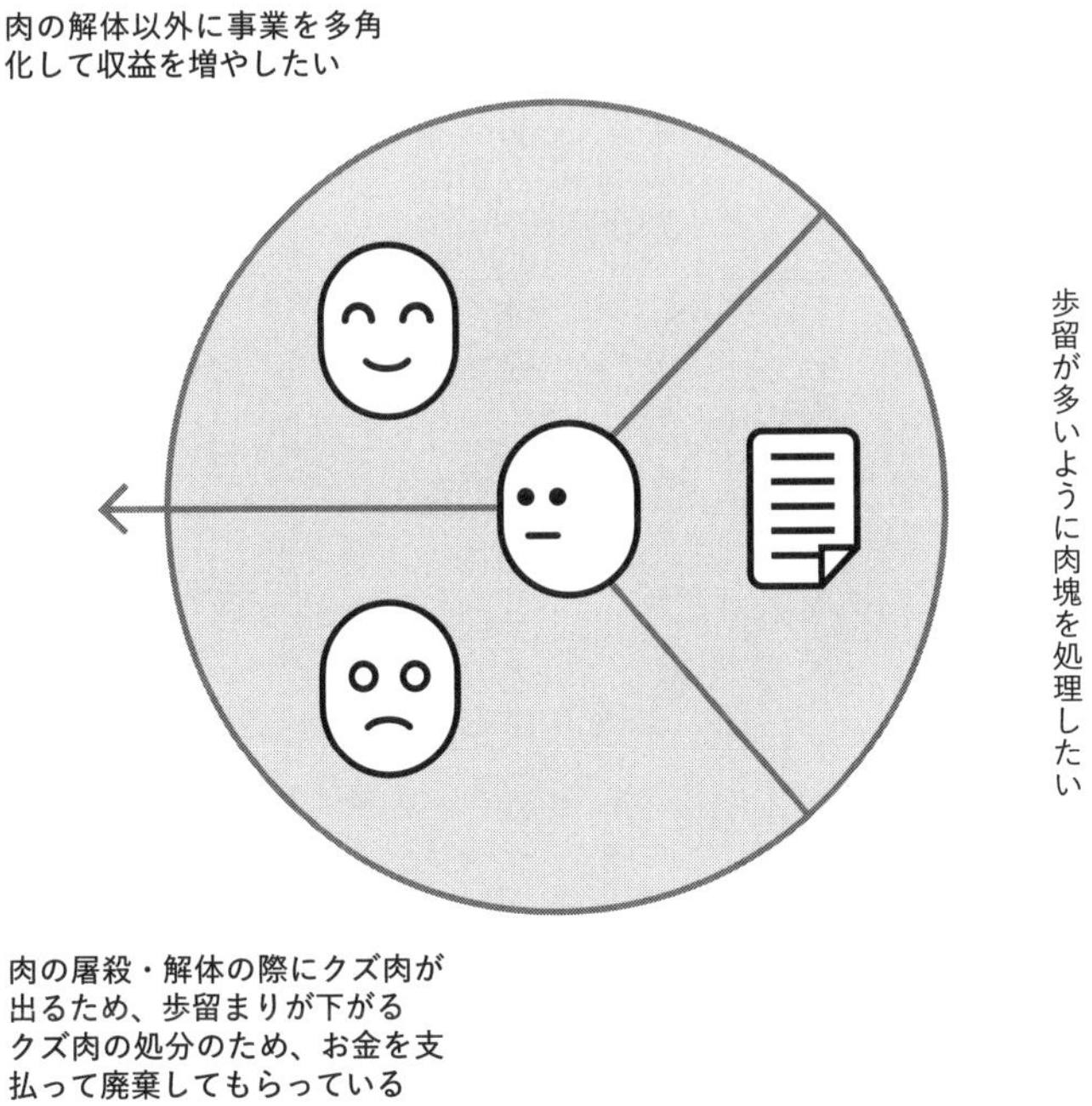
肉の解体以外に事業を多角化して収益を増やしたい
歩留が多いように肉塊を処理したい
肉の屠殺・解体の際にクズ肉が出るため、歩留まりが下がる
クズ肉の処分のため、お金を支払って廃棄してもらっている

出典：Alex Osterwaider et al., “Value Proposition Design.” PP.9-10 をもとに筆者作成

例えば、ｉＰｏｄを例に取り、若い男女が顧客だと仮定すると、

●顧客に提供する商品・サービス：ＨＤＤ／ＳＳＤベースで小型化・軽量化
●顧客が感じている不便・苦痛の緩和法：従来のテープレコーダーは嵩張ったがＨＤＤ／ＳＳＤベースで小型化・軽量化した。電池の交換がめんどくさいことは充電式で解決。音楽を探す手間が大変だったことは音楽ダウンロードで解決
●課題・用事が片付けられた時の便益の実現法：どこでも音楽が楽しめる

廃材からスープを作る例だと、もう少し細かくなり、

●顧客に提供する商品・サービス：クズ肉（タンパク源）からスープを作る
●顧客が感じている不便・苦痛の緩和法：
・エッフェル塔六本分の処理可能
・クズ肉から「旨み」のあるスープ
・クズ肉（価値が低い原料）の有効活用

VPC全体像におけるiPodの例

若い男女

音楽の入手が簡単／小型・軽量／充電式 → どこでも音楽が楽しめる

HDD／SSDベースの音楽プレーヤ

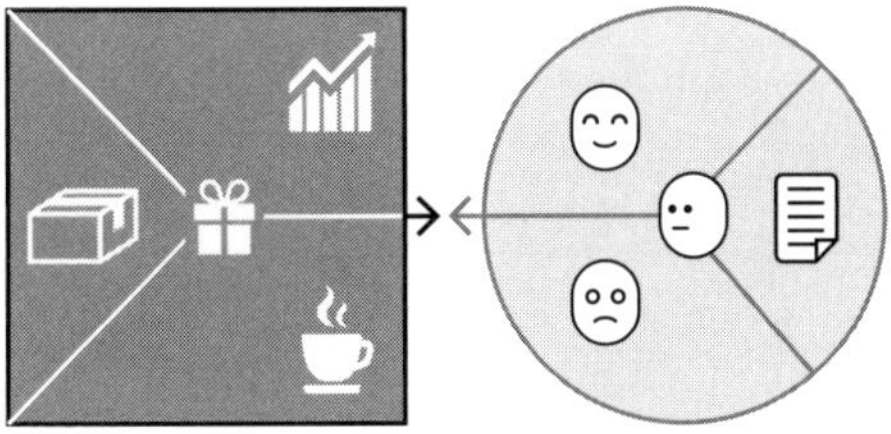

どこであっても音楽を楽しみたい

HDD／SSDの為小型・軽量化
気に入った音楽をダウンロードできる
充電式のため、電池交換不要
→
従来のテープレコーダーは嵩張る
電池の交換が煩わしい
カセットテープが嵩張る・音楽の複製が手間

出典：Alex Osterwaider et al., “Value Proposition Design.” PP.9-10をもとに筆者作成

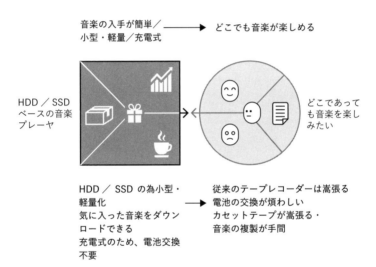

●課題・用事が片付けられた時の便益の実現法：
・価値ゼロの原料の有効活用
・無償の原料から商品製造

ここまでの作業が仮説ベースで終わったら、BPCを検証する作業に移る。ここで大事なことは、将来の顧客に対して提供を想定している商品・サービスを見せながらBPCを検証することである。

将来の顧客に対して提供を想定していて、とりあえず最低機能を備えたものをミニマル・バイアブル・プロダクト（要は、どんな商品・サービスかがわかる程度の簡易版デモ品・サービス。略称：MVP）と言われるが、MVPを体験させたうえで面談・質問することが重要である。

スティーブ・ジョブスが言っているように、「見たことのないものは要らない」という否定的な意見ではなく、将来の顧客に見たこともないものは要らないと最初から言わせないような、中立的な意見を発言してもらうためには重要だ。

もう一つ。資料などで得た情報は二次情報と言われるが、直接得た情報は一次情報

VPC全体像における廃材（クズ肉）の例

肉からスープ・調味料を加水分解・発酵プロセスで製造する

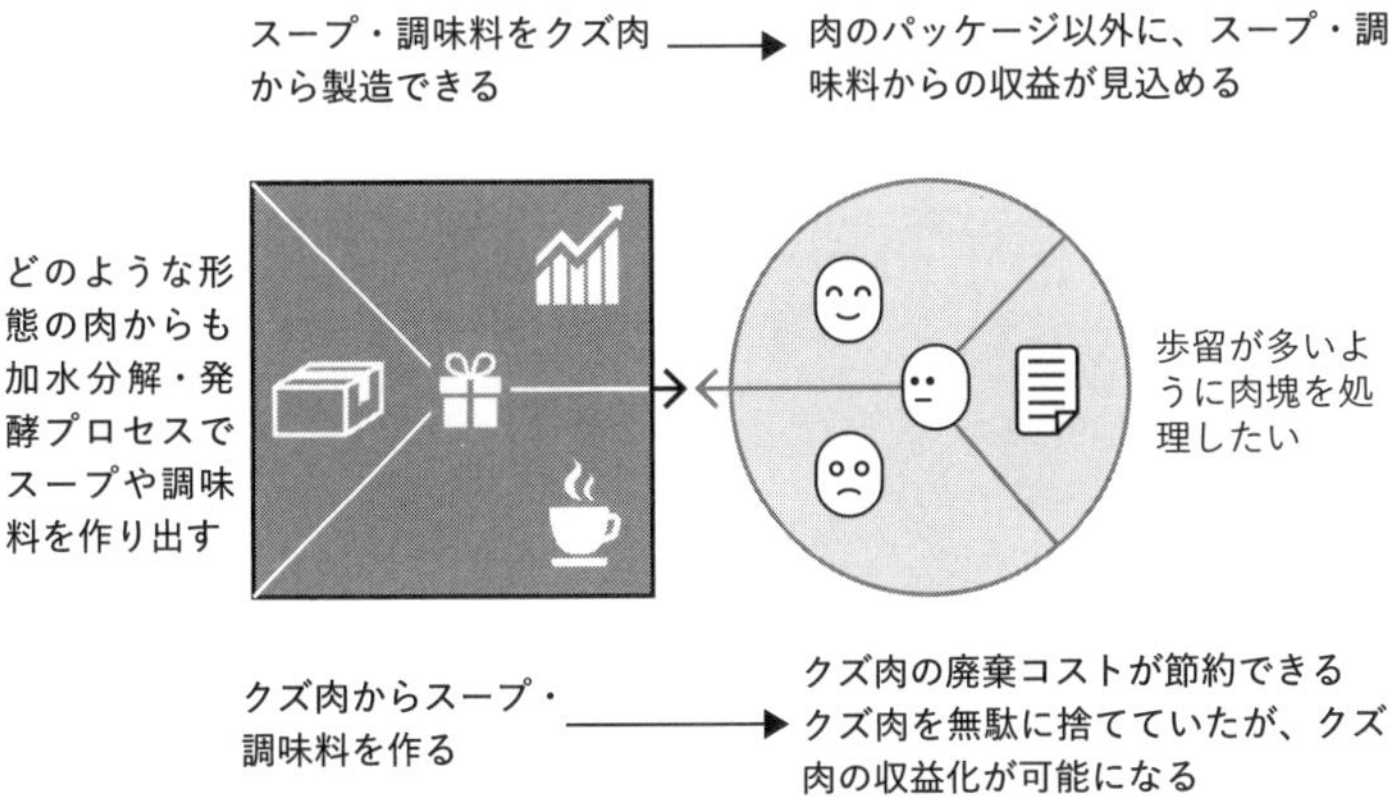

出典：Alex Osterwaider et al., “Value Proposition Design.” PP.9-10をもとに筆者作成

と言われる。ＶＰＣを検証する際には、一次情報を使うことだ。

二次情報には、編集者や執筆者の意見・好みというフィルターがかかっている。フィルターのない生の情報（一次情報）は、他の誰も持っていない貴重な情報だ。

ＶＰＣとＭＶＰとはセットにしておくことだ。つまり、製品やサービスの価値を聞き出すためには、ＭＶＰを見せながら、ＶＰＣを作成するのに必要な情報を聞き出すということだ。

そして、面談の際に、将来の顧客の「本音」を聞き出すスキルも重要だ。これは、事前に質問票を準備して質問事項を漏れなくカバーするということも大事だが、相手が本音を語ってくれるように場数をこなしてスキル・レベルを上げておくことも重要だ。

なお、将来の顧客・ユーザーから本音を聞き出すことが重要だ。初対面の場合、聞かれる側は当たり障りのない返事をすることが多い。

また、商品・サービスは、自社が想定している価値と顧客とがマッチングしている

顧客セグメントごとに顧客プロフィールを作成

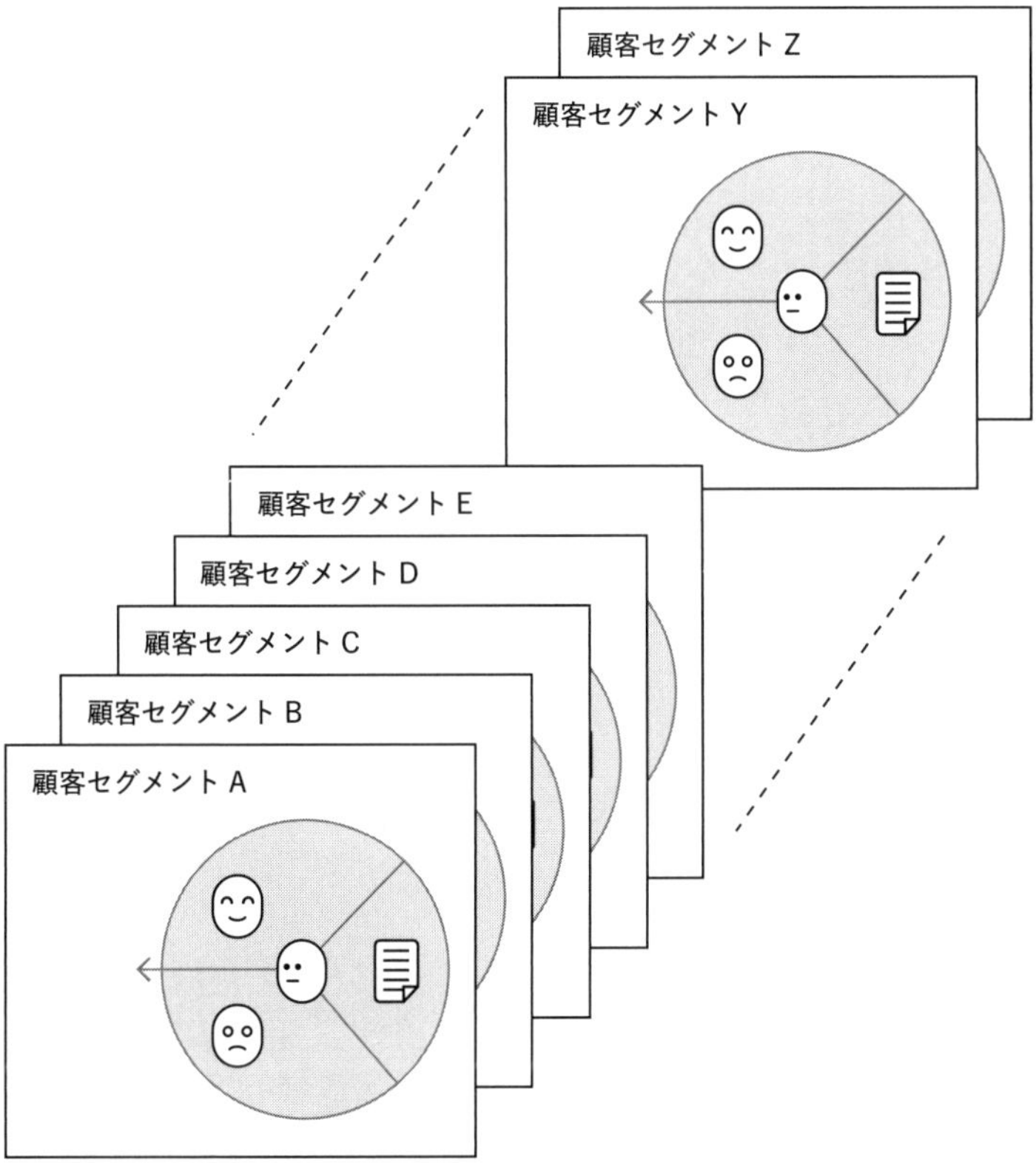

将来の顧客・ビジネスパートナー候補へのインタビューを通して想定している顧客プロフィールが正しいか検証する

出典：Alex Osterwaider et al., “Value Proposition Design.” PP.9-10 をもとに筆者作成

だろうという仮説のもとに作られる。MVPで顧客の要求とマッチしているかを検証しておくと、起業時点で顧客が好む商品・サービスの提供ができるので、スタートダッシュしやすいというメリットもある。

後述するように、顧客・ユーザーが求める価値を体現した商品・サービスになっていれば、ビジネスを始める際に、そのまま商品・サービスを使えるからだ。

当然、起業してからも顧客・ユーザーからのフィードバックを元に改善を継続することは重要だ。また、ヘビーユーザーを見つけることができたら、ヘビーユーザーにマッチするように商品・サービスを改善することにより、さらに大きな市場を獲得することが可能になる。

ここまで検証できたら、顧客とどのように関係を築くか、商品を顧客・ユーザーにどのように流通させるかを検討することになる。

顧客との関係を築くと言うと、ユーザーグループとかサブスクリプションにして顧客を囲い込むことを考える人が多いが、価値をちゃんと伝達していて価値ある商品・サービスを届けていれば、固定客になってくれる顧客・ユーザーは多い。

また、価値の伝達と言うと、広告・宣伝と捉えられてしまうことが多いが、実は店頭での顧客対応・商品説明とかカスタマーサービスの電話対応の良し悪しなどでも、顧客・ユーザーの視点では商品・サービスの価値は伝わる。つっけんどんな態度の電話対応では、せっかくの商品・サービスも台無しになってしまう。

また、価格も価値の伝達に関わる。例えば、ルイ・ヴィトンなどのブランド品は高くて当然と思われている。

高額であれば、一般に価値が高いと顧客・ユーザーは期待する。顧客の期待を裏切らなければ、高い価格も価値伝達の手段である。ブランド品はこのようにして生まれる。

このBMCの右側を埋める作業で大事なことは、「しつこく」顧客・ユーザーを研究・追求することである。価値のある商品であるにもかかわらず売れないのであれば、価値の訴求の仕方を「しつこく」改善すること、商品・サービスが顧客・ユーザーの課題・用事を片付けるのに役に立っていないのであれば商品・サービスの改善を「しつこく」繰り返す。

これを繰り返しているうちに、顧客・ユーザーの求める価値と提供している商品・サービスの価値が的確に伝達され、マッチするようになる。

ここまで来ると、顧客・ユーザーは、他社や他の商品・サービスではなく、自社の商品・サービスに惹きつけられ、固定客・お得意様になってくれるはずである。


ここまで来たら、残りは、どうやって収入に結びつけるかである。

売り切りにするのか、あるいはサブスクリプションという継続的に収入が得られるようにするのか。いずれにしろ、価格設定は重要である。

将来の顧客・ユーザーとの面談で、どれくらいの価格帯であれば購入の可能性があるのか、あるいは購買の際にどのくらいの価格なら値ごろだと感じるのかなどを聞き出せれば、価格設定の大きな情報源になる。

顧客・ユーザーによっては、商品・サービスの価格だけでなく、その商品・サービスを保有・使用するための費用を計算することがある。

例えば、電気自動車を購入する場合、電気代、保険料、保守費用、下取り価格などを考慮すると思われる。そのうえで、購入の可否を決める。あなたが電気自動車を販売する仕事に従事している場合は、電気自動車購入に伴う費用を全て考慮したうえでガソリン車より経済的になるように価格設定する必要がある。

以上で、ＢＭＣの右側を埋めるのに必要な情報が揃った。そのうえで、ＢＭＣの左側を完成させていく。左側は自社内に情報が揃っているはずである。

ただ、ここで注意したいのは、闇雲に情報をブロックに書き込むのではなく、右側の顧客・ユーザーの各セグメントに対する価値を創造するという視点で首尾一貫してブロックに情報を書き込むことである。

顧客・ユーザーが希望する価格帯で、必要な機能を満足させることだ。

どうしても、機能面あるいは価格面で顧客・ユーザーに価値ある商品・サービスが提供できないということであれば、ピボットすることも必要になる可能性がある。

成功している企業は、市場に商品・サービスを投入する前にピボットを繰り返していることが多い。

実際に商品を市場投入してからピボットした例としては、アップル・コンピューターがアップルⅢを投入した時の例がある。この製品は、のちのマッキントシュとほぼ同じ仕様で、価格が高すぎて全く売れなかった失敗作だ。

アップル・コンピューターはこの失敗で、仕様は顧客に受け入れられることがわかったものの、価格が問題だということで、事業のやり方を変更し（ピボット）して、マッキントシュを開発した。公表はされていないが、ｉＰｏｄなどでも何回かピボットがあったということだ。

アップルやグーグルなどの企業はピボットは当たり前にやっているようである。

気がかりなのは、日本のスタートアップは最初に決めた事業からピボットするケースが少ないことだ。

技術が優秀なのに、商品・サービスが顧客・ユーザーが求めているものと異なっていたら、「しつこく」改善を繰り返すことが大事だ。事業の方針変更や商品の改善は失敗ではない。成功へのステップだ。

ただ、起業する前に、できるだけの失敗をしてしまうことが大事だ。資金調達した後だと、投資家から見たら「生煮え」の事業計画で騙されたと誤解される可能性が大きい。

投資詐欺だと疑われたくないのであれば、事前に首尾一貫した完成度の高いビジネスモデルを作り上げることが大事だ。

そのためにも、ＢＭＣとＶＰＣとＭＶＰを活用して検証しておくことが重要になる。ＢＭＣとＶＰＣとＭＶＰを三点セットとして完成度を高めている企業は、地味な事業内容であっても、早期に経営が安定軌道に投入されて、ユニコーンに成長している（例：日本ではあまり知られていないがシンガポール発のナノフィルムなど）。

ＢＭＣの右側が埋まったら、今度は左側を完成させる。ＢＭＣの右側、ＶＰＣを検証する際に、ＭＶＰをこまめに将来の顧客・ユーザーの声を反映させて改善を繰り返していれば、すでに完成度の高い商品・サービスが出来上がっているはずである。左側を完成する際に、大事なことは、ビジネスを将来拡張できるように考慮しておくことである。

よくある失敗は、当初、創業者たちが数名で手作りで商品を製造し納入していたが、実際にビジネスを始めてみたら売れ行き好評になってしまうケースだ。売れることは嬉しいことかもしれないが、売上が当初の十倍、百倍になっても、当初提供していた価格・納期などを守ってビジネスができるか？

特に、海外で売れてしまった場合、通関などで時間がかかり、現地に商品が到着す

BMCとVPCとの関係

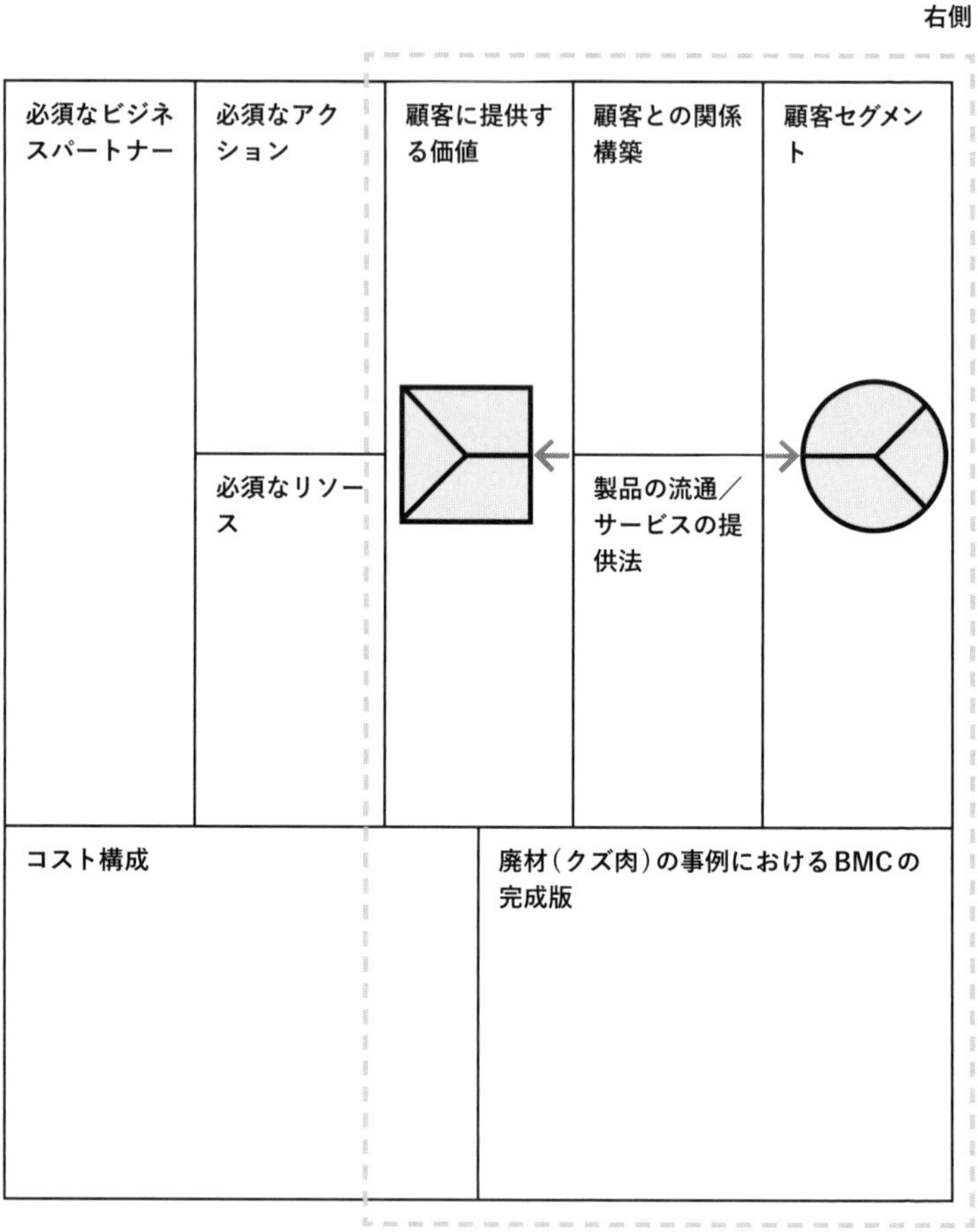

VPCはBMCの右側のブロックのコアになる部分である。顧客が製品・サービスを必要としているかを理解するためのフレームワークだ

出典：Alex Osterwalder et al., "Value Proposition Design" pXVII ：廣川追記

る日時が確定できなかったり、数量が変わって物流費が変わってしまい価格改定が必要になったり、収益性が変動してしまうことがある。

また、商品の不具合の際、当初は日本から担当者が出張ベースで行うことは可能だが、数量が十倍や百倍になったら、担当者の数を増やさなくてはならないし、出張ベースだと費用もかさむ。日本の国内事業への要員不足や収益悪化などの悪影響が出てくる。

また、小売の場合は、最初の店舗は気合を入れて一線級の従業員を送り込むところが多いが、店舗数が増えると日本から送り込める人材も不足してくる。

当初の評判を維持して店舗当たりの売上を確保するには、店舗数が増えても同等なサービスが提供できることが必要になる。拡張が必要になった場合についても、その時に「それは想定外」と慌てるのではなく、事前に考え抜いておくことが必要だ。

とりあえずの事業の進め方、次のステップでの拡張案などをおぼろげながらで良いので考えておくことだ。

BMCで大事なのは、すべてのブロックが首尾一貫していることだ。折角、顧客が喜ぶ価値を体現している商品・サービスを開発・製造して提供できるようになった（BMCの左側）としても、価値がちゃんと伝達できていなかったり、顧客が買いに来ている際に店舗での店員の商品説明が不十分で価値が顧客・ユーザーに伝わっていなかったら、BMCの右側の見直しも必要だろう。

BMCが出来上がって、全体をあたかも美しいストーリーのようにスムーズに話せるようなところまで練り上げることが大事だ。国立シンガポール大学のスタートアップ教育では、受講者がBMCを言い淀むことなくスムーズに語れるところまで練り上げさせる。

また、すべてのブロックを首尾一貫させるために、例えば、BMCの左側の分析の結果、価値を体現している商品・サービスが顧客・ユーザーが欲しがる価格まで下がらないとわかったら、提供する機能を下げてコストを下げて顧客に見放されないかなどの方針変更の柔軟性は必要だ。

最初は仮説ベースでBMCなどを作成するが、一次情報で検証して完成させたBMCがあれば、ビジネスの立ち上げはスムーズに行くはずである。

廃材（クズ肉）の事例におけるBMCの完成版

必須なビジネスパートナー

クズ肉を供給してくれる業者

必須なアクション

知財
LOI/契約

必須なリソース

クズ肉の「安定供給」
調理器具
ライセンス

顧客に提供する価値

クズ肉からスープ・調味料を製造することにより、廃棄コストの削減と新規の収入源の創造

顧客との関係構築

広告・試食会で渋滞のブイヨンやちょうみりょうより美味を強調

製品の流通 / サービスの提供法

加工後の肉の流通網を共有

顧客セグメント

肉の解体業者・屠殺業者
クズ肉をコストをかけて廃棄している業者

コスト構成

コスト構成は㊙のため詳細は割愛

廃材（クズ肉）の事例におけるBMCの完成版

ライセンス料オペレーション（調理・製造）委託料

出典：Steve Blank., “The Startup Owner’s Manual”, p36をもとに筆者作成

■知識には賞味期限があるが知恵の賞味期限は無限

最近のように、世の中の動きが早くなると、市場に対する知識、商品知識、技術に関する知識などはすぐに古くなってしまう。

一方、新しいものには警戒感を持って接するなど人間の行動パターンなどは時代が変わってもあまり変わらないし、新しいものを見た時の初期反応などはほぼ普遍的だ。

要するに、知識は陳腐化するが、人間洞察に基づく知恵の賞味期限は無限だ。無限というのは、イソップの寓話は今でも「なるほど」と思えるほど、ギリシア時代からの知恵は今でも通用するほどに、人間は変わっていない。だから、知恵の賞味期限は無限といって構わない。

■今の日本では、発明《インベンション》と技術革新《イノベーション》の混同——技術優先の呪縛か？

イノベーションは技術革新と訳されているせいか、日本では新しい技術をイノベーションとして考える傾向がある。

しかし本当は、新技術でも社会的なインパクト（社会の課題を解決できること）があるのがイノベーションで、新しい技術や新発明というだけでは、英語のインベンションでしかない。


ライト兄弟の初飛行はインベンションだ。一方、のちのDC－3などは量産化やそれに伴うコスト低減による旅客輸送や航空貨物などを可能にした。社会へのインパクトを起こした技術という意味でイノベーションだ。

携帯電話はどこでも受発信できることで電話でのコミュニケーションを便利にした。しかし、通話だけでなく情報の送受信ができるスマホほどの社会的なインパクトはなかった。

例えばシンガポールでは、配車という元々電話で行っていたサービスから、確定申告のように紙のフォームに手書きで書き込むようなサービスまで、全てスマホでできるようになっていて、こういうスマホベースのサービスを受けずに従来通りの電話・紙ベースのサービスに頼っているのは老人ばかりになってしまっている。

携帯電話で、ここまでの社会的なインパクトを考えたiモードのようなサービスは一九九〇年代に具体的に考えられたものの、スマホほどのインパクトはなかった。携帯電話のユーザーがスマホに移行してしまったからである。

■スタートアップは大企業のミニチュア版ではない

大企業を真似してスタートアップの組織設計や事業計画を立てる創業者は多い。特に、以前大企業に勤めていた創業者に多く見られる。

これは、全てが間違いだとは言わないものの、数人で始めたスタートアップが大企業の経験者を登用するところが多く見られるが、登用した大企業経験者が大企業のやり方をそのまま取り入れるのは、一般的に誤りだ。

スタートアップは財務基盤が非常に脆弱だ。だから、売上を伸ばし、安定軌道上で安定した経営ができる規模に素早く到達する必要がある。

そのためには、経営判断のスピードが非常に重要だ。間違えたら、すぐに止めて、別の手を打つとか方向転換《ピボット》を行えばよい。

これは大企業にはできない芸当だ。少人数で身軽だからできることだ。

また、大企業のＫＰＩを経営指標として使うスタートアップもあるようだが、大企業の規模とスタートアップの規模との違いとか、事業における優先順位の違いから、大企業のＫＰＩはスタートアップには有害の場合が多い。

例えば、大企業もスタートアップも売上が大事であることは、企業の大小や創業年数の違いによらず同じだ。

しかし、大企業の場合、販社が全国展開していて多数の営業パーソンを管理しなくてはならない。

一方のスタートアップは、販社もなく、営業が数名、極端な場合は創業者自ら営業しているケースがある。大企業のＫＰＩは、さらに細かく販売店別、営業パーソン別に分解されていて、営業の要因分析が可能になるところまで細かく規定されている。

こういうところで、営業パーソン別の売上実績をフォローしても意味がないのは、ほぼ明らかだろう。

多くのスタートアップは、大企業での経験者を役員に入れているようだが、商売を持ってこないような役員はほぼ給料泥棒と考えていいと思う。出資者と言えどもスタートアップのビジネスに商売を持ってくるなどのコミットをすべきだという話は、二〇〇六年頃にアメリカのスタートアップの役員をしている際に、そこへの出資者から伺った話だ。

ベンチャー・キャピタル（以下ＶＣ）などで「お金を出すのが役目」みたいな態度のところが最近目につくが、実は、顧客を持ってくるのも初期の投資家の役目だ。具体的にはスタートアップは大口顧客へのアクセスが難しいケースが多いが、ＶＣのメンバーには前職以来、法人の役員とのコネクションを持っている人がおられる。

そういうネットワークで法人や大口顧客を紹介するのも、ＶＣの役割だというわけである。

このように大口顧客を紹介することによって、売上が加速度的に増加し、その分入ってくる現金が増えるので初期の投資額が抑えられて、投資回収を早められるからだそうだ。

ここに書いたことは、大企業に勤めた経験者が起業した場合に、特にドツボにはまりやすいので御注意を。特に以前勤務していた大企業で管理職の経験のない創業者は要注意。

自分の大企業時代の組織や社内プロセスを思い出して、社内に部署を大企業を模して設置し、それぞれに人を当てはめる。部署の数は二〇くらい、そして従業員数が一〇人くらいで、社内の部署をいくつか掛け持ちしているようなスタートアップを見ることがある。

そして念の入ったことに、各部署の分掌規定まで作っている。大企業と同じように部署を作ってジョブ・デスクリプションまで細かく規定してしまうと、大体細分化しすぎの組織になって、スタートアップなのに部門間に壁ができてしまい、「この仕事誰の仕事？」みたいな組織になってしまう。

スタートアップは、全員で仕事をカバーしないと回らない。

■起業ではスタートダッシュが大事――顧客を早い段階で見つけ、早く売上を立てること

日本のスタートアップを見ていて不思議だと思うのは、「うちは優れた技術を持っているので投資してください。この事業は成功します」というもの。

この口上は、投資詐欺と同じでは？　つまり「今ここに投資したら、将来儲かりますよ」という投資詐欺と大して変わらない。

違いがあるとすれば、投資（詐欺）案件では自分でコントロールできる部分が少な

いが、起業案件であれば、自分でコントロールできることだ。事業家として、早めに事業として成功させてしまえば、詐欺には当たらない。この部分は事業家としての腕が問われる。

したがって、投資家に案件を説明する際には、事業家としてどのように運営する計画なのか、計画を信頼してもらえるような情報を追加する必要がある。

多くの場合、創業者は技術者だったり研究者だったりする。昨日まで技術者・研究者だった人が、今日からは信頼できるほどの経営者になっている、というのは考えにくい。

一番良いのは、事業をスタートさせて、すぐに売上を立てることである。そのためには、前述したBMCで九つのブロックを辻褄が合った一次情報で埋められるか試してみたら良い。

■マーケティングより営業を重視――モノが売れなかったら飯も食えない

マーケティングの手法を使って事業で獲得可能性のある市場規模（TAM：市場は可能

性としてここまで大きいが実際にはそこまでは無理な市場の規模。別名：大風呂敷。ＶＣがほぼ必ず要求する数字）、獲得しうる最大の市場規模（ＳＡＭ：うまくいったらこの大きさの市場を相手にできるという少し現実的なサイズの風呂敷）、実際に対応可能な市場規模（ＳＯＭ：目先で努力目標にしたい市場の規模）などは、投資家（ＶＣ）が要求するので重要だが、これは創業時初期の話で、この数字がわかったところで売上に直接つながるわけでもない。

お金を払って商品・サービスを購入してくれる顧客ほどの重要性を持つものでもない。

スタートアップが相手にする市場は創成期で、新しい商品・サービスを見た顧客・ユーザーを広げて市場を作り出せば大きくなるという代物だ。

例えば、ソニーのウォークマンを考えてみよう。再生オンリーのテープレコーダーの市場規模を推定しても（フェルミ予測でも）おそらく市場規模は小さかったのではなかったか。ソニーのすごいところは、新しい市場を作ってしまったことだ。スタートアップの手本になるというのはこういうことだ。

つまり、スタートアップではマーケティングで市場の大きさを心配するより、市場を作ってしまおう（「売りまくるぞ」）という情熱のほうが大事だ。

ソニーのすごさは、日本企業でもここまでできるということを実証してみせたことだ。アップル・コンピューターもこれを真似ている。

スタートアップの計画を聞いていて心配になることは、投資家（VC）に市場規模を示しているものの、商品やサービスが市場に受け入れられた場合、どうやって会社の規模を拡大して、大きな市場を相手にするつもりなのか考えられていないことが多いことである。そして、当該市場でどうやってシェアを取るのか考えられていないことが多い。SAMなどの数字はよく見るが、どうやって市場を獲得する計画か示されていることは稀である。

営業を創業者一人でやっている。製造を一人でやっている。売上が一〇倍になっても同じような操業形態を取るのか？　当然、組織も大きくしなくてはならないし、顧客対応をする要員も増やす必要がある。

どうやって大きくするつもりなのか、規模が大きくなっても創業者が経営できるほどのスキルがあるのか？　どうやって経営スキルを調達するのか？　課題は多くあるが、考えられていないことが多い。

大きくなるなどありえないと思って起業しているのだろうか？

■技術に惚れすぎないこと——技術を欲している顧客がいるか？（「いるだろう」という想定は失敗の元）

スタートアップで気になることは、自社の技術を過大評価して、「世の中で自社の製品を買わないのは世の中のユーザーがバカだからだ」という発言である。

仔細に発言を分析していくと、自社の製品の価値を市場に伝達できていないことが多い。広告宣伝だけでなく、技術の優位性であれば、可能であれば学会や業界誌に発表して、専門家の評価を上げるという方法もありうる。

事業は一般のユーザーに商品・製品・サービスを使ってもらって成り立っている。たとえ、自社の技術が優れていたとしても、誰も買わないものだったら事業としてはその製品は無価値である。

売れるためには、商品・サービスの価値を見込み客に正確に伝達し、正確に理解してもらうという啓蒙活動も重要だ。

自社が優れた技術を持っているのであれば、なおさらのこと、価値を伝達して、その技術を欲しがっている顧客を早く見つけて、固定客やリピーターになるところまで育てることである。

■地域を制覇したら、世界を制覇しよう。世界での売上が日本の売上を牽引

前に、ソニーのウォークマンはスタートアップの手本と書いたが、市場の見方・考え方についても同じだ。

ソニーは、最初日本でウォークマンを発表した。ＪＲ山手線とか繁華街のように人目につくところに、社員にウォークマンを持たせて衆人環視の中を歩かせた。そこで目立たせ知名度を上げることを行った。

その結果、外国の航空会社のＣＡなどが日本で見たウォークマンを自国に持ち帰って、人目につく場所で使ってくれて、目立たせてくれた。ウォークマンには大きくＳＯＮＹのロゴが付いているから、製品名だけでなく社名の知名度も上がる。

こうやって北米での売上が増し、それが日本の新聞・雑誌などのメディアで紹介され、ウォークマンの知名度をさらに上げ、日本での売上増につながった。

北米からさらにヨーロッパやアジア、アメリカの太平洋側の州などに飛び火して世界中で売上が増加。それにつられるように、さらに日本での売上も増加した。

良い製品であれば、人目につく場所に持っていき、日本より大きな市場を目指す。

そして、そこから世界制覇を目指す。

日本の市場は非常に保守的だが、海外での評判で日本でも売れるようになる。そうやれば、日本で売上が増えないという悩みも解消するはずだ。

つまらない例かもしれないが、シンガポールで日本のロボット・ベンチャーの支援をしている時に、デモ機を目立つところに置くという施策を実施した。これは、知名度を上げて良さを知ってもらうことを考えてのことだ。

まず、シンガポールのチャンギ空港にデモ機を置くと、出入国する旅客や見送り客だけでなく、新聞や放送局などのメディアにも出た。

チャンギ空港以外にも、シンガポール国内でデモスペースを持っている企業や組織にはデモ機を置かせてもらった。

そして、デモ機の説明をデモスペースのオーナー企業にお願いした。見る人は、デモ機をデモスペースのオーナー企業が持っていて使っていると思ってくれたようだ。デモ機を見た後、ほぼ八割ぐらいの人（アジアの別の国なども）はコンタクトしてきてくれた。

ウォークマンの知恵をシンガポールで活用させてもらった。目立つと、実際の企業規模より大きく見えることもプラスに働いた。

日本市場は保守的だと言われる。大阪は別として、日本人のメンタリティーか目立つことを嫌うし、新しいものに対して警戒感がある。理論的に理解したければ、ジェフリー・ムーアの『キャズム理論ｖｅｒ２』(翔泳社)で日本市場の保守性は分析できる。

ご興味があれば読まれたら良いかと思う。

■(若い人たちに)「起業ありき」で考えずに、ビジネスネタをまず探すこと

最近、大学生や就職して間もない若手から、「起業したいので、起業の仕方を教えてほしい」という問い合わせが増えている。どうやら、筆者がここ一〇年ほどスタートアップに軸足を動かしたことを聞きつけてきたらしい。

こういう問い合わせを受けた際に真っ先に聞くことは「どういうビジネスを考えているの?」という質問だ。

聞くと、毎回ほぼ同じ答えが返ってくる。「これからビジネスのネタを探します。

大学を休学、退学してでも、学生の間に起業したい」
「えっ！　何をビジネスとしてするか決めていないのに起業するって？」

大学生や、若手の言うには、ビル・ゲイツやマーク・ザッカーバーグなどはハーバード在学中に起業している。だから大学生のうちに起業したい、とのこと。

ただし、ビル・ゲイツもマーク・ザッカーバーグもお金持ちの御曹司で、卒業後無職でも食いはぐれないほどの資金源はあった。また、起業するまでには起業ネタの製品・サービスを完成させていた。

また、アメリカ人の場合、ボーイ・スカウトとか高校時代のアルバイトなどで、実社会経験を積めるが、日本だと偏差値重視の受験勉強優先で、起業する際に必要な社会経験・ビジネス経験が圧倒的に不足している（同じことは、日本だけでなく、韓国、中国、シンガポールなどのアジアの国についても言えるが）。

私はいつも「ビジネスのネタが決まったら、また来てね」とお帰り願っている。

ビジネスのネタを探している間にも、手元のお金は減っていく。ビジネスのネタがあれば、そこからスタートできるので準備期間、つまり収入のない期間を減らせるが、ビジネスのネタを探すところからスタートすると、余分に時間がかかる。また、収入が得られるようなビジネスのネタが見つかるまでの時間は結構かかる。

その間も一日三度の飯を食べなくてはならない。その費用は大丈夫？

ビジネスのネタを持っている創業者でも、創業当初は収入が足りなくて日銭稼ぎを行う。日銭稼ぎが長期化すると、ビジネスのネタを事業化するのに必要な時間が喰われてしまう。そうすると、起業がさらに遅れてしまう。起業が遅れると、**つなぎ**でまた日銭稼ぎを始める。

これの繰り返しで悪循環にはまると、いつまで経っても起業できなくなる。

一九七〇年代に、「脱サラ」で会社を辞めて、次に何をやるか決めないで郷里に戻る人を見かけた。

駅前で焼き鳥屋かおでん屋というのが、ほぼ全員が口にする仕事だった。当時よく言われたことは「お前ら、焼き鳥屋やおでん屋をバカにしているのか？　そんなに簡単な商売ではないぞ！」と、駅前の焼き鳥屋やおでん屋が地方紙上やローカル局の取材で反論していた。

そして、脱サラ失敗で、郷里で再就職する人も多かった。「偉そうに席蹴ってやめていったけど、結局地元でサラリーマンに逆戻りじゃないか」とは、元の職場の同僚たちがよく口にしていた悪口だ。

同じことは起業にも言えて、大体普通思いつくビジネスのネタは、他の人や大企業でも思いつく。実際にやってみたら、先行している企業があったと言うもの。「陳腐な発想じゃダメだね」とは元同僚・友人の悪口。これでは、まず成功は覚束ない。先行する企業に対する勝ち目がないのであれば、いずれは市場から退場。

ビジネスのネタを見つけてからBMCなどで本当に起業して大丈夫なのか検証することを勧める。そこまで準備したうえで起業。

覚悟できますか？

実家の両親に頼るにしても、そこまで（高齢かもしれない）両親が子どもの面倒を見てくれますか？

最後に

■もうちょっとで世界トップに復帰できる

ドイツと比較すると、日本は人口が多い。また、日本の大手企業の層も厚い。一方、シンガポールは一人当たりのGDPでは日本の倍以上だ。シンガポールができたことが日本でできないはずはない！

日本全体をシンガポール程度の国に仮想的に分割してそれぞれが頑張れば、シンガポールの一人当たりのGDPは達成できるだろう（シンガポールの一人当たりのGDP×日本の人口）。

だったらドイツを数字の上では簡単にGDPで抜ける。さらに一人当たりのGDPを上げることで個々の企業活動を活発化させていけば、中国やアメリカにも負けないだろう。

■日本にはカッパという愛すべき妖怪がいる。カッパに学ぼう

日本にはカッパという想像上の動物がいる。民俗学者の折口信夫《おりくちしのぶ》が著書『河童の話』で紹介しているように、義理堅く、愛嬌があるように描かれていることが多いようだ。

カッパにまつわる言葉で日本で最近あまり聞かれないのが、「屁のカッパ」。うちの売れない製品を客に売ってくるなんて屁のカッパとか、そんなものを作るのは屁のカッパという言い方は、私が社会人になった頃、よく会社で聞いたものだが、最近はあまり聞かれなくなったのは、少々寂しい。

前に述べたようなことは一九五〇年代や一九六〇年代だったら、「屁のカッパ」と言いながら取り組んだはずだ。背水の陣などは「屁のカッパ」。もっとも、倒れても後ろに「水」があるから「カッパ」も安心してられたのかもしれないが。

■日本は資源がない国。人材こそ国の成長の資源だったはず

日本は国土が小さく資源のない国だ、と日本人は言う。一方、ノーベル賞を受賞し

たり、蛙が飛び込む水の音に静かさを感じるような独特の感性を持っていたり、独自技術で世界のトップの製品を作り出す能力もある。

天然資源がないのは仕方がないが、日本には日本人という人的資源があるはず。この人的資源を活かすように、教育を変えていくべきだ。日本が資源小国だと思い込まずに、日本人という人的資源が豊富にある資源大国だ、と胸を張るべきだと思う。

最近は、もっと国土が小さく、資源のないシンガポールに一人当たりのGDPでは負けている。シンガポールにできて日本にできないことがあるだろうか、と真剣に考えてほしい。

アメリカなど情けないことに、研究者は中国・インドなどのアジアの国、あるいはイランやサウジアラビアのような中近東の国、またチェコやロシアなどの東欧など外国からの移民ばかりだ。

これは、大学教授や大学院の学生の出身国を見れば明らかだ。そのアメリカに追従して国際化を推進するのが日本にとって良いことなのか、検討すべきだ。

しかし考えてみてほしい。今になって女性やシニアの活用と言われている。逆に言うと、今まで女性とかシニアは期待されていなかった。つまり戦力外だ。他国では戦力として扱われている女性やシニアは、残念なことに、我が日本では、戦力として期待されていなかったのだ。

ドイツなどは、女性が首相になるほど、男女問わず働く国だ。極端に言えば、ドイツが男女問わず総力で、「**男だけが戦力**の日本」を抜いた。

今まで戦力外だった女性やシニアの活躍の場を創れば、ドイツを抜くことなど「屁のカッパ」のはずである。

日本での研究・開発環境が良くないということで、頭脳流出はこれから加速されると思う。民間企業の研究所が閉鎖され、行き場を失った研究員は海外に出ていっている。これは、科学・技術には国境がないからだ。

一方、科学者や技術者には故郷がある。なので、日本生まれで日本を思いつつカタカナ名で海外で活躍する人たちが増えていくことは間違いない。これは仕方のないことだし、良否はともかく、国の政策として、今（消極的ながら）推進していることだ。

海外で活躍する日本人の業績を積極的に日本に還流する仕組みを作ることがこれからは重要になる。例えば、新しい技術を外国で開発したとしても、日本企業と組んで商業化するなどの仕組みは可能だろうと思われる。

■ＴＲＯＮはＩｏＴで世界を席捲。ＴＲＯＮの知恵を活かすことは、他の分野でもできるはず

世界中で使われているＣＰＵのうち、五パーセントはデスクトップ・ラップトップなどのＰＣで、その多くはウィンドウズで動く。

一方、残りの九五パーセントのＣＰＵは機器などに組み込まれていて、そのうちの六〇パーセントはＴＲＯＮという日本発のＯＳが使われている。

当時、東京大学理学部助手だった坂村健氏が基本設計を行った。ソースコードはオープンであり、ソースコードをアプリケーションの要求仕様に合うように修正することなどは自由である。有名でありながらあまり世間には知られていないが、小惑星探査機「はやぶさ」やＧｏＰｒｏなどにはＴＲＯＮが組み込まれている。

なんと、日本発のソフトウェアが世界で一番使われているということになるのだ。マイクロソフトのウィンドウズなどのシェアは驚くほど小さい。

ＴＲＯＮが発表されたのは、一九八四年。同じ頃、「第五世代コンピューター」の開

発という賑やかなプロジェクトの陰でヒッソリと開発が進んでいた。

結局、世間を騒がせた「第五世代コンピュータ」は一九九〇年代に完成したが、産業界も学会も実用的でないということで採用しなかった。通産省(現経産省)や大企業は一〇〇〇億円の資金を投入し大々的に支援し、欧米は「日本は政府と産業界が並列推論機械で先端を走っている」と慌てたものだ。

一方、ヒッソリと開発されていたＴＲＯＮは産業界で活用が進み、ＩｏＴでは世間が気が付かないうちに中核の技術となった。つまり、日本でも、世界を席捲するような技術を開発するだけの能力はあるのだ。ただ、目利きがいないので世界に通用しない技術に資源を投入してしまうことが問題だ。

■アジアやアメリカでは海外で活躍する日本人の若手を見かける。そのような若手を登用して日本を再生しよう

シンガポールでは、日本からワーキング・ホリデーや交換留学で現地に来ていた二〇代の若者たちと会う機会が多かった。また、アメリカでも同様に二〇代の若者と会うことが多い。

みんな頑張っている。日本を捨てて海外に出たというより、海外で思いっきり自分

を試したうえで、能力の限り活躍して成果を出して、いつか日本に帰ろうという若者が多い。

慌てて、「若い人たちを日本に呼び戻そう」などということを考えるより、「海外で自由に活躍させよう」そして彼らの成功のお裾分けをしてもらおう。

二一世紀に入って、「ビジネスに国境はない」とよく言われるようになった。でも、「ビジネスパーソンには故郷がある」。

海外で活躍する若者たちは、国内・海外という分け方に異議申し立てをしていて、日本にいることが「息が詰まりそう」になっているだけにすぎない。

彼らを自由にしよう。世界で活躍する日本人だと知ってもらい、日本に帰って活躍できるように場を提供しよう。すると、日本で世界的な活躍をする日本人が、日本を牽引してくれるようになる。

■技術を持ったシニアや女性にも日本国内や海外の日本企業での活躍の場を増やそう

若い人たちだけでなく、二〇世紀の日本の高度成長を支え、日本企業を世界市場で戦えるところまで成長させたシニアとか、日本での閉塞感から海外で活躍したい・している女性たちにも活躍の場を提供しよう。

GE時代に同僚からよく聞いた話は、昔に比べて日本企業の駐在員の質が落ちているということ。「本社に許可をもらうので、待っていてくれ！」などということは、過去にはなかったそうな。

一般に日本企業の駐在員の質は低下しているが、世紀の変わり目の頃から、女性が駐在員として送られてくることが目立つようになった。

「最近、日本人の女性が目立つようになったが、男性社員より有能だね」とは、同僚の話。これは、在米日本企業もそう思っているようで、「数年前に日本の本社を退社した元社員、夫がニューヨーク駐在になったので、こちらに帯同で来ているが、この女性を、この現地法人で再雇用したらすごい戦力になる！」。

団塊の世代からそのちょっと下くらいまでのシニアは技術を持っているし、海外も苦にならない世代。シニアたちが就職した頃は、今の大企業もスタートアップ的な時代。また、チャレンジ精神に溢れた女性たちにどんどん活躍の場を与えることによって、さらに日本企業の業績は良くなると思う。

シニアと女性の活用が進めば日本企業はもっと業績が上がる。

■日本を再度成長軌道に乗せて、トップを目指そう。今ならまだ間に合う

ドイツに抜かれたのが、二〇二三年。日本はドイツに比べ、人口も多い。繰り返すが、男女総力で国力をつけたドイツと働き盛りの男だけで支えた日本だと、男だけでなく、戦力外と考えられていた女性やシニアを活用すれば国力の伸び代はまだある。

人的資源である日本人を鍛えて日本企業の業績を上げれば、国としてGDPは向上する。また、人的資源としてのシニアや女性の活用はまだ十分ではない。彼らが活躍してくれれば、一人当たりのGDPは向上する。それから、世界が気付かないうちに生活レベルの向上も図れる。

今のGDPはバブル期より上。その上、個人資産も潤沢。それを自分のために使うことが一人当たりのGDPの向上につながる。

若い人には海外で世界的な活躍をしてもらい、世界の舞台で知名度が上がったら活

動のベースを日本にしてもらえるように、日本を魅力的な国にしよう。世界的に活躍する日本人のベースが日本だとわかれば、いやでも世界中から有能な人材が日本に集まってくる。

人を鍛えて才能を開花させる仕組みは外国からは目につきにくい。若い人、シニア、女性が世界で活躍するようになっても、海外はなぜそうなったのか気付くまでに時間がかかるだろう。

このようにすれば、世界に気付かれないうちに、世界の（外野の）雑音を気にせずに、日本は世界でトップクラスの国になれるはずだ。

あとがき

「謙一君、そこに座りなはれ」

　家内の祖父がそのように言うと、家内の一族はスッといなくなった。心の中で（「またおじいちゃんの講釈が始まる」）というわけだ。

　新婚だったので、そこから立ち去るわけにもいかず、言われる通りに座る。そこから約一時間半の講釈。終わると「よう最後まで話を聞いてくれた。ありがとう」とサントリーのダルマを、ご褒美にくれる。家内の祖父は尋常小学校を卒業して船場で丁稚奉公。そこから、大阪谷町で機械工具商を起こした立志伝中の人物だ。

　当時は、三菱重工で設計技師だったので、講釈をなんとも思わなかったが、のちにマッキンゼーの経営コンサルタントになった時に、メモを取らなかったことを非常に残念に思った。

　幸い、『どてらい男《やつ》』を執筆するのに、小説家花登筐氏が家内の祖父に取材に来たと言うことを後日聞いたので、小説全十二巻を購入して、講釈のほとんどはそこに書かれていたので記憶を新たにできた。

家内の祖父は、同じように丁稚から叩き上げだったということで、松下幸之助翁を非常に尊敬していた。


執筆の依頼があったのが、二〇二一年一一月。浅学菲才の身なので、書物の執筆などその任にはあらずと思っていたのだが、書肆の勧めでここまで来てしまった。依頼をいただいた頃、フランスの小説家マルセル・プルーストの『失われた時を求めて』(筑摩書房)を再読していて、作家になりたい主人公が自分の文才の欠如を嘆き、いつまでも著作にかかれないことを嘆いている箇所では、思わず頷いてしまった。

世の中を見渡してみると、すでに良書がすでに多数出版されている。それを指摘しつつ、自分の意見を織り交ぜるような書物を模索することになった。これもフランスの小説家ギュスターブ・フローベールの『ブヴァールとペキュシェ』(岩波書店)の主人公の筆耕たちのように、世の中のありとあらゆる書物を渉猟し、全く見当違いのことをやらかしている日本人のことを書いてはどうかと気が付いた。

日本人は読書好きでなんでも勉強するが「知っている」だけで実践が弱い。本書で引用が多いのは、そういう意図があったからだ。ぜひ原著にも当たってほしいと願っている。引用している書物はアマゾンや大型書店などで入手は容易なはずだ。

引用は小説が多いが、これは筆者があまりビジネス書を読まず、もっぱら小説を好むからだ。また、フランス系の文章の引用に偏っているのは、第二外国語がフランス語だったこと、フランス語の教官が蓮實重彦《はすみしげひこ》先生だったからだ。フランス語は大して覚えなかったが、世の中を斜《はす》に見《み》ることだけは覚えてしまった。プルースト、フローベール、そして大岡昇平を好むのは蓮實先生の影響だ。

編集の方々と仕事をするのはマッキンゼー以来だ。マッキンゼーの東京事務所のエディターの刀根館正久《とねだちまさひさ》さん（故人）や岡田恵子《おかだけいこ》さんには在職時代やその後も文書の編集だけでなく、考えをまとめる際に意図を聞いてもらって正しく表現されているかアドバイスをいただいた。今回の執筆の際も、その時に教えて頂いたことを実践したつもりだ。果たして実現できているか、心許ないが。

何分、日本を離れて三〇年以上になるので、日本の事情には非常に疎くなっている。思い違いや誤りも多く含まれていると思う。読者諸賢の叱正を期待したい。

執筆に当たっては、畏友・稲田将人《いなだまさと》さんと五十嵐育子《いがらしいくこ》さんには、著者の妄言を辛抱強く聞いていただき、思い違いを正していただいた。深く感謝します。

この著書は、筆者にとっては最初の出版。出版するという作業がここまで大変な作業だとは、三年半前には想像もできませんでした。筆者を発見し、三年半の長きに亘り辛抱強くリードして下さったかんき出版の金山哲也《かなやまてつや》さんには感謝の言葉を捧げたいと思います。

また、本書執筆中、いつも仏頂面でツッケンドンだったにもかかわらず、辛抱強く支えてくれた家族一同にも「ありがとう」の言葉を捧げたいと思います。

令和七年二月

廣川　謙一

ニューヨーク郊外の自宅にて

【著者紹介】

廣川　謙一（ひろかわ・けんいち）

◉――ラウンズベリー・アソーシエイツ代表

◉――マッキンゼー、GE本社経営企画で新規事業および海外事業の成長戦略立案・実行を担当。

◉――2016年よりシンガポールでロボットおよびイノベーションの導入立案、2019年より国立シンガポール大学、南洋理工大学などで起業の教育・指導などを行う。1998年より日本で8千億円以上の不良債権を処理。東京大学工学部および工学系大学院修了。知能ロボットの研究で工学修士。大学院在学中にMITの人工知能研究所に留学。知能ロボットの研究を行う。三菱重工、マッキンゼー、GE、アーンスト・アンド・ヤングコンサルティング（日系金融機関担当ディレクター）などを経て、2002年にアメリカで独立。

オワコン日本《にほん》再生《さいせい》戦略《せんりゃく》

2025年2月17日　　第1刷発行

著　者――廣川　謙一

発行者――齊藤　龍男

発行所――株式会社かんき出版

東京都千代田区麹町4-1-4 西脇ビル　〒102-0083

電話　営業部：03(3262)8011㈹　編集部：03(3262)8012㈹

FAX　03(3234)4421　　振替　00100-2-62304

https://kanki-pub.co.jp/

印刷所――ベクトル印刷株式会社

　ISBN978-4-7612-7788-8 C0030